Heike Kügler-Anger

Vegan unterwegs

Heike Kügler-Anger

Vegan unterwegs

Schnell zubereitet und verpackt –
für Schule, Beruf und Freizeit

Inhalt

Wenn unterwegs der kleine Hunger kommt …

… hat man es als »Otto-Normal-Esser«, sofern man sich nicht gerade fernab von jeglicher Einkaufsmöglichkeit befindet, in der Regel nicht schwer: Man geht einfach in den nächsten Supermarkt, zum nächstgelegenen Bäcker, steuert die nächste Imbissbude, den Kiosk oder ein Schnellrestaurant an und versorgt den Magen mit dem, was er begehrt. Ein Biss ins belegte Brötchen, in ein süßes Teilchen oder auch in den Döner oder die Pizza, und der Hunger macht sich hurtig auf den Rückzug.

Genau diese Vorgehensweise funktioniert hierzulande jeden Tag aufs Neue für viele Tausende Menschen. Egal, ob der kleine Hunger sie morgens zum zweiten Frühstück, in der Mittagspause oder beim nachmittäglichen Snack in der Schule oder an der Uni, im Büro oder in der Werkstatt, bei der Pause auf der Parkbank oder hinter dem Steuer ihres Pkw erwischt. Wer »Hunger schiebt« ist selber schuld. Oder etwa nicht?

Mein Magen und ich, wir erinnern uns noch immer ein wenig schmerzlich an jenen Urlaub, in dem mein Mann und ich uns das ehrgeizige Ziel gesetzt hatten, den gesamten Norden Frankreichs auf einen Urlaubsschlag zu erkunden. Mit dem Wohnwagen erkundeten wir die gesamte Küstenlinie Nordfrankreichs, von der Picardie über die Normandie und Bretagne bis zur Loiremündung. Im Laufe der Reise verbrachten wir kaum zwei Nächte an einem Ort und waren immer auf Achse. Das Kochen kam im Gegensatz zu unseren sonstigen Urlaubsgewohnheiten in dieser Zeit sehr kurz. Mein Mann schwelgte, wann immer ein Supermarkt oder auch ein Wochenmarkt unseren Weg kreuzte, wie gewohnt in höchsten französisch-kulinarischen Genüssen. Ich tat mich mit dem Genuss etwas schwerer, weil ich aufgrund einer Laktose-Intoleranz und anderer gesundheitlicher Probleme auf Tiereiweiß verzichtete. Die meisten Speisen, die sowohl bei den Franzosen als auch den Frankreichreisenden traditionell auf dem Tisch und im Magen landen, kamen für mich also nicht in Frage. Was blieb, waren die veganen Aufstriche, die ich aus Deutschland mitgebracht hatte, sowie Baguette und Bohnen. Mit frischem Baguette und gekochten Bohnen in jeder Variation rettete ich mich durch diesen Urlaub und wünschte mir jeden Tag aufs Neue, es gäbe mehr Restaurants, Imbissstände oder Bäckereien, die auch für Menschen, die vegan oder tiereiweißfrei leben, ein kulinarisches Herz zeigen.

Hierzulande ist die Situation für alle, die sich, aus welchen Gründen auch immer, vegan ernähren, nicht wesentlich besser als in unserem Nachbarland. Sobald sich der kleine Hunger meldet, gilt es viele vegane Klippen zu umschiffen: Der Teig für das Rosinenbrötchen oder auch das Sandwichbrot ist allzu oft mit Milch angerührt. Nicht vegane Zutaten wie Milchpulver, Joghurt, Butter, Schweineschmalz und Eier verstecken sich im Körnerbrot, im Laugengebäck, in süßen Teilchen, Waffeln und Pfannkuchen. Imbissstände, die Sandwiches oder belegte Brötchen mit rein veganem Belag anbieten, sind so wahrscheinlich wie ein Sechser im Lotto. Beim Pizzabäcker an der Ecke eine Pizza ohne Wurst und ohne Käse zu erhalten, erfordert beachtliche Überredungskunst. Die bei Groß und Klein so beliebten Pommes frites werden oft noch in der gleichen Fritteuse wie die Schnitzel oder Burger frittiert. Und der nette Verkäufer am Dönerstand fühlt sich persönlich beleidigt, wenn er nicht wenigstens ein, zwei Löffel Joghurtsauce mit auf den vegetarischen Döner löffeln darf. Das Fazit lautet noch immer: Wer vegan lebt, muss sich als Unterwegsversorger bescheiden.

Doch trocken Brot macht, selbst wenn das Sprichwort genau das Gegenteil behauptet, Veganerwangen nicht unbedingt rot. Auch wer ohne tierische Produkte lebt, möchte sowohl zu Hause als auch unterwegs, in der Schule oder am Arbeitsplatz lustvoll genießen und nicht täglich aufs Neue kulinarische Not leiden. Um dieser »außerhäuslichen Ernährungsmisere« ein Ende zu bereiten, hilft nur eins: Selbst ist der Mann beziehungsweise die Frau!

In den ab Seite 33 vorgestellten Rezepten möchte ich Sie zum veganen Genuss für unterwegs einladen. Alltagserprobte Rezepte von Speisen, die unkompliziert und schnell zu Hause zuzubereiten sowie danach gut an ihren späteren Einsatzort wie Schule, Büro oder Werkstatt zu transportieren sind, sorgen dafür, dass nicht mehr brottrockene Eintönigkeit, sondern leckere und clevere Kleinigkeiten für alle Altersgruppen auf dem Genussprogramm stehen. Mit Sandwiches mit Auberginencreme, Baguettebrötchen mit Kohlrabi-Carpaccio, Nussbrot mit Walnuss-Karotten-Füllung oder würzigem Sauerkrautbrot kommen Brotliebhaber auf ihre Kosten. Da aber der Mensch bekanntlich nicht vom Brot allein lebt, können würzige Dips und herzhafte Cremes wie Gurkendip mit Minze, weiße Bohnencreme oder eine Zucchinicreme und Variationen aus der Gemüseküche wie gefüllte Minipaprika, Paellasalat mit Safran oder Rote-Bete-Tatar zum

Brot gereicht werden. Ganz ohne Tiereiweiß, aber mit viel Geschmack, machen leckere Kleinigkeiten aus Ofen oder Pfanne wie italienische Miniburger, fantasievoll gefüllte Wraps oder Apfel-Lauch-Puffer satt. Nicht nur für die Augen, sondern auch für den Gaumen sind aufgespießte Köstlichkeiten wie Brotspieße, glasierte Babykarotten-Oliven-Spieße oder provenzalische Spieße eine wahre Freude. Zum Knabbern stehen geröstete Nusskernvariationen, Tomaten-Pinienkern-Bällchen oder Zucchinichips auf dem Snackprogramm. An kalten Tagen wärmen herzhafte Suppen, die leicht in der Isolierkanne mitgenommen und bis zum Verzehr warm gehalten werden können. Zum süßen Finale oder wenn es zur Abwechslung einmal etwas nicht Herzhaftes sein darf, laden kleine Desserts wie Aprikosen-Nuss-Schnitten, Feigen-Marzipan-Verführung und Knäcke-Schoko-Krümel ein.

Alltagstaugliche Tipps und Tricks verraten, wie der Do-it-yourself-Unterwegsversorger seine Vorratshaltung gestalten kann, welche Transportbehälter für ein sicheres Ankommen und den »kleckerfreien« Verzehr am Einsatzort sorgen und was man tun muss, um Pannen wie durchweichte Sandwiches, auseinandergefallene Brötchen oder matschige Salate zu vermeiden. Eine Checkliste für das Picknick oder die Brotzeit sorgt zudem für den perfekten Genuss im Grünen.

Alle hier vorgestellten Rezepte kommen ganz ohne tierische Produkte aus und sind so lecker, dass auch alle, die sonst nicht vegan oder tiereiweißfrei leben, vom Genuss für unterwegs begeistert sein werden. Da in vielen Rezepten zudem auf Sojaprodukte verzichtet wird, kommen auch Sojaallergiker auf ihre Kosten.

Ich würde mich freuen, wenn ich Ihnen das vegane Alltagsleben mit diesem Buch erleichtern könnte und Sie demnächst auch unterwegs Ihren Hunger genussvoll zu stillen vermögen.

In diesem Sinne wünsche ich Ihnen viel Spaß beim Nachkochen, Ausprobieren und Genießen. Lassen Sie es sich auch oder gerade unterwegs immer gut gehen!

Ihre

Basisausstattung für Unterwegsversorger

Lagern und bevorraten

Vorher gut geplant ist später gut gegessen, gilt gerade für alle, die sich am Arbeitsplatz, in der Schule oder an der Uni selber versorgen wollen oder müssen. Damit nicht kulinarische Eintönigkeit, sondern Abwechslung und Ausgewogenheit auf dem Selbstversorgungsprogramm stehen, bewährt es sich, immer eine gewisse Auswahl an Grundzutaten im Kühlschrank, in der Tiefkühltruhe und in der Speisekammer zu haben, die durch entsprechend frische Produkte erweitert werden können. Eine ganze Reihe von Basiszutaten für Unterwegsversorger wie zum Beispiel abgepacktes Sandwich- oder Knäckebrot, Hafer- und Hefeflocken, tiefgekühlte Kräuter oder auch Trockenfrüchte halten sich ein, zwei Wochen, manche mitunter sogar monatelang, sodass sie nicht täglich frisch nachgekauft werden müssen. Dieser Grundstock kann nach eigenem Geschmack und den eigenen Vorlieben beliebig erweitert werden. Um Donnerstagabend nicht vor einem gähnend leeren Kühlschrank zu stehen und in der Mittagspause am Freitag auf trockenes Knäckebrot und einen verschrumpelten Apfel zurückgreifen zu müssen, empfiehlt sich eine Wochenplanung für die Auswahl an Rezepten, den Einkauf und die Zubereitung.

Manche der ab Seite 33 vorgestellten Rezepte lassen sich auf Vorrat zubereiten, sodass nicht immer von einem Tag auf den anderen gekocht werden muss. Einige Zutaten wie zum Beispiel getrocknete Hülsenfrüchte können in größeren Mengen gekocht und nach dem Abkühlen portionsweise eingefroren werden. Insbesondere Suppen lassen sich gut vorkochen und in der Tiefkühltruhe bis zu sechs Wochen in den Kälteschlaf versetzen.

Für den cleveren und genussfreudigen Unterwegsversorger empfehle ich einen Vorrat an nachfolgenden Grundzutaten. Es steht Ihnen selbstverständlich frei, diese Liste nach Ihrem Geschmack und Ihren Bedürfnissen zu erweitern.

Nährmittel und Backzutaten
- verschiedene Mehlsorten (zum Beispiel Weizen-, Roggen-, Dinkel-, Mais-, Kichererbsen-, Buchweizenmehl)
- ganze Getreidekörner (bei Bedarf zu Hause in der Getreidemühle mahlen, Vollkornmehl wird schnell ranzig)
- Nudeln in verschiedenen Formen und Größen
- unterschiedliche Reissorten wie Langkorn-, Rundkorn- oder Wildreis
- Vollkornzwieback und Knäckebrot
- Semmelbrösel
- Haferflocken
- Speisestärke, Johannisbrotkernmehl oder Guarkernmehl
- abgepacktes, lagerfähiges Brot oder Brot in Dosen
- Backpulver und Trockenhefe
- Zartbitterschokolade
- Leinsamen (bei Bedarf zu Hause frisch mahlen)

Getrocknete Hülsenfrüchte
- braune, grüne, schwarze oder rote Linsen
- gelbe und grüne Spalterbsen
- Kichererbsen
- verschiedene Bohnensorten wie Kidneybohnen, Wachtelbohnen, kleine weiße Bohnen, weiße Riesenbohnen, schwarze Bohnen

Süßungsmittel
- Roh-Rohrzucker
- Ahornsirup, Agavendicksaft, Birnendicksaft
- Zuckerrübensirup

Vorräte aus Glas, Dose oder Tetrapack
- verschiedene Tomatenzubereitungen wie Tomatenmark, geschälte Tomaten, passierte Tomaten, getrocknete Tomaten
- gegarter Mais
- gegarte Rote Bete
- Sauerkraut
- grüne und schwarze Oliven
- eingelegte Gurken und Kapern

Ersatz für Tiermilchprodukte
- Soja-, Reis-, Mandel- oder Haferdrink
- Soja- oder Hafersahne
- Kokosmilch
- Naturtofu, gewürzter oder geräucherter Tofu
- hochwertige Pflanzenmargarine und ungehärtetes Kokosfett

Würzmittel
- Sojasauce
- Hefeflocken
- Essige wie Weißwein- und Rotweinessig, Sherryessig, Apfelessig, Balsamessige (Aceto Balsamico und Balsamico bianco)
- kaltgepresste Öle wie Oliven-, Raps-, Sonnenblumen- oder Sojaöl (Sorten, die Sie seltener verwenden, möglichst in kleinen Flaschen kaufen)
- Gewürze wie Meersalz (grob und fein), Pfeffer (schwarz und weiß), Muskatnuss, Kreuzkümmel, Koriander, Kurkuma, Currypulver, Paprikapulver, Chiliflocken und Chilisauce, Zimt und Vanillezucker
- Senf in verschiedenen Sorten
- Miso in verschiedenen Sorten
- Tahin (Sesammus) aus geschältem oder ungeschältem Sesam
- gekörnte Gemüsebrühe
- verschiedene Kräuter, frisch oder getrocknet, wie Petersilie, Schnittlauch, Dill, Basilikum, Majoran, Oregano, Thymian, Rosmarin, Estragon, Kerbel und Kräutermischungen ohne Zusätze

Nüsse, Samen, Kerne und Trockenobst
- geschälte und gemahlene Mandeln
- Sonnenblumen-, Pinien- und Pistazienkerne
- Haselnuss-, Walnusskerne, Cashewnüsse
- getrocknete Rosinen oder Sultaninen
- getrocknete Cranberrys, Datteln, Aprikosen und Feigen

Lagerfähiges Obst und Gemüse nach Saison
- Äpfel, Birnen
- Kiwis
- Bananen
- Grapefruits, Clementinen, Orangen, Zitronen und Limetten
- Kartoffeln
- Karotten
- Knoblauch und Speisezwiebeln
- verschiedene Kohlsorten

Frischevorräte für Kühlschrank und Tiefkühltruhe
(zusätzlich zu den bereits erwähnten Milchersatzprodukten)
- Blätterteig
- tiefgefrorenes Obst ohne Zusätze wie Erdbeeren, Heidelbeeren, Himbeeren, Kirschen
- tiefgefrorenes Gemüse ohne Zusätze wie junge Erbsen, Babykarotten, grüne Bohnen, Brokkoli, Blattspinat
- tiefgefrorene Kräuter, sortenrein oder als Kräutermischung, ohne Zusätze
- selbst gekochte und eingefrorene Vorräte

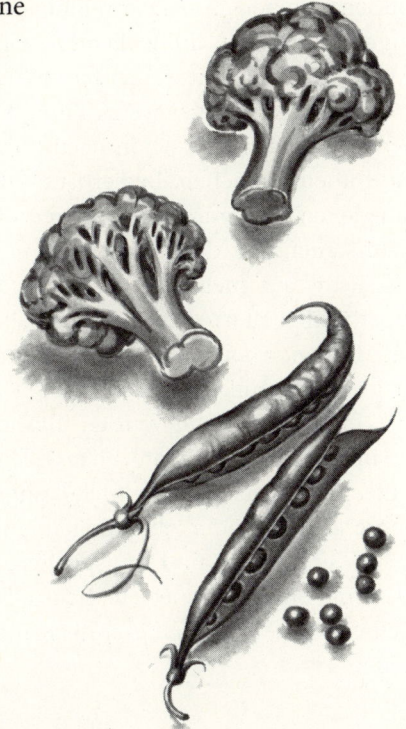

Verpacken und mitnehmen

Als Unterwegsversorger, der am Abend zuvor schon für das zweite Frühstück oder das Mittagessen des folgenden Tages sorgen möchte, stellt sich alsbald die Frage: Wie bekomme ich das liebevoll geschmierte Brötchen, den knackigen Salat oder die leckeren Spießchen frisch und unbeschadet an ihren zukünftigen Einsatzort?

Hier empfiehlt es sich, zum »Verpackungskünstler« zu werden. Denn nur gut verpackt bedeutet gut genossen. Wenn das Sandwich ständig matschig daherkommt, das Dressing für den Salat auf den Schreibblock tropft oder die trocken gewordenen Muffins den ganzen Schreibtisch vollkrümeln, vergeht nicht nur der Appetit, sondern alsbald auch die Lust, sich mit Selbstgemachtem unterwegs zu versorgen. Ein cleveres Verpackungskonzept kann hier Abhilfe schaffen. Im Handel gibt es ein breites Angebot an Aufbewahrungsmaterialien für Lebensmittel. Doch was ist wirklich sinnvoll?

Arbeiten wir uns bei der Beantwortung dieser Frage vom Großen zum Kleinen vor: Allgemein empfiehlt es sich, die zu Hause angefertigten Speisen in einer großen, mit einem Deckel dicht verschließbaren Kunststoffdose aufzubewahren. Die Dose kann nach Gebrauch ausgewaschen werden und ist damit wieder frisch für den nächsten Einsatz.

Allerdings macht es wenig Sinn, die Speisen einfach nebeneinander in die Dose zu stopfen, schon nach kurzer Zeit würde es darin wie »Kraut und Rüben« aussehen. Besser ist es, die unterschiedlichen Speisen in verschiedenen kleineren Dosen unterzubringen und diese in der großen Dose zu verstauen. Für diese Zwecke eignen sich vor allem sogenannte Lunchboxen, die aus mehreren unterschiedlich großen, dicht verschließbaren Kunststoffbehältern bestehen, die alle nebeneinander in der Lunchbox Platz finden. Manche dieser tragbaren Lunchbehälter haben sogar einen integrierten Kühlakku oder können über die Zigarettenanzünder-Steckdose im Auto gekühlt werden. Besonders gut ausgestattet und verarbeitet sind japanische »Bento Boxes«. Diese Boxen, die früher aus Holz und heute aus Kunststoff oder Metall angefertigt werden, sind im Inneren in mehrere Fächer oder Abteilungen aufgeteilt, in denen die einzelnen Speisen sicher verstaut und transportiert werden können. Für heiße Speisen oder Suppen gibt es spezielle Bento-Thermobehälter. Wer es weniger asiatisch vorzieht, kann in diesem Fall auf eine normale Isolierflasche zurückgreifen.

Will man nur ein einfaches Sandwich oder ein belegtes Brötchen mitnehmen, muss man verpackungstechnisch keinen so großen Aufwand betreiben. Auch ein Sandwich wird am sichersten in einer Kunststoffdose transportiert. Um zu verhindern, dass es beim Transport auseinanderfällt, sollte man allerdings einen weiteren Verpackungstrick zum Einsatz bringen und das Sandwich oder Brötchen gut verschnüren. Für das einfach belegte Brötchen ohne viele und vor allem zum Durchfeuchten neigende Zutaten reicht in der Regel Butterbrotpapier aus, das stramm um das Brötchen gewickelt wird. Brötchen oder Sandwiches mit üppigem Belag wickelt man dagegen besser in Frischhaltefolie ein, die beim späteren Essen zudem die Finger sauber hält. Leider gibt es, trotz einiger erfolgversprechender Neuentwicklungen im Bereich von Verpackungsmaterialien, noch immer keine aus nachwachsenden Rohstoffen hergestellte Frischhaltefolie im Handel. Deshalb sollte man Sorge tragen, dass die Frischhaltefolie nach dem Gebrauch korrekt entsorgt wird.

Alufolie sollte dagegen schon aus ökologischen Gründen nicht als Verpackungsmaterial verwendet werden. Sie birgt zudem gesundheitliche Risiken, weil sich bei säure- oder salzhaltigen sowie feuchten Speisen Aluminium lösen und auf die Lebensmittel übergehen kann. Das Motto »Geiz ist geil« hat übrigens hinsichtlich der Verpackung von Lebensmitteln keine Gültigkeit: Frischhaltefolie hält nur ein einziges Mal frisch und vor allem hygienisch sauber. Da sich an Speiseresten schnell Bakterien bilden, sollte sie also auf keinen Fall abgewischt und wiederverwendet werden. Auch Klarsichttüten aus den Obst- oder Gemüseabteilungen der Supermärkte sollten nicht als Frischhaltefolienersatz dienen. In ihnen sind, im Gegensatz zur Folie, oft gesundheitsschädliche Weichmacher enthalten.

Wenn zum Beispiel auf Reisen keine geeigneten Kunststoffbehälter zur Verfügung stehen, kann man sich für Salate und Dips auch mit einem gründlich gereinigten Marmeladen- oder Gurkenglas mit intaktem Schraubverschluss behelfen. Damit das Glas beim Transport keinen Schaden nimmt, kann man es einfach in einen Frotteewaschlappen stecken und diesen oben zusammenbinden.

Belegte Brötchen oder Baguettestangen bleiben auf Reisen appetitlich, wenn man sie in belegter Form wieder vorsichtig zurück in die Papiertüte gibt, in der man sie erworben hat und diese danach in ein Handtuch einschlägt. Auch kleine Pappkartons (die man aus dem Lebensmittelgeschäft mitnimmt, in dem man die Zutaten erworben hat) eignen sich als provisorische Verpackungshilfe.

Als gut ausgerüsteter »Verpackungskünstler« hat man mit dem entsprechenden Wissen also viele Möglichkeiten, die selbst zubereiteten Speisen für unterwegs sicher an ihren Verzehrort zu bringen. Bitte entscheiden Sie bei den Rezepten ab Seite 33 selbst, welche Verpackungsform Sie für die fertigen Speisen vorziehen und was für Ihre ganz spezielle Situation am besten geeignet ist.

Kühlen und warm halten

Frische ist das A und O beim Genuss für unterwegs. Brotrinden, die sich nach oben biegen, braun angelaufene Salatblätter oder lauwarme Dips verderben nicht nur den Appetit, sondern mitunter auch den Magen. Gerade in der warmen Jahreszeit darf die Kühlkette von der Lagerung nach der Zubereitung bis zum Verzehr am Einsatzort nicht abreißen. Wer oft im Auto unterwegs ist, kann Speisen und Getränke in einer mit zwölf Volt über die Autobatterie betriebenen Kühlbox lagern. An sehr heißen Sommertagen oder wenn das Auto verschlossen in der Sonne steht, geraten jedoch auch solche Geräte schnell an ihre Grenzen, sodass man die mitgeführten Speisen besser an einem kühlen Ort unterbringen sollte.

Wer nur kurze Strecken mit dem Auto oder mit Bus, Bahn oder Fahrrad unterwegs ist und die Speisen außerdem bis zum Verzehr am Arbeitsplatz oder in der Schultasche lagern muss, kann sich durch Kühlakkus behelfen. Diese sind aus lebensmittelechtem Kunststoff angefertigt und mit einem ungiftigen Kühlmittel gefüllt. Vor Gebrauch legt man sie einfach über Nacht ins Gefrierfach oder die Tiefkühltruhe und gibt sie beim Verlassen des Hauses den zu kühlenden Speisen bei. Die meisten Kühlakkus kühlen mindestens vier Stunden verlässlich, manche halten sogar bis zu zwölf Stunden durch. Bei Camping- und Outdoorausstattern kann man flexible Kühlakkus kaufen, die nicht nur besonders flach sind und extralang kühlen, sondern die sich zusätzlich noch um das Kühlgut wickeln lassen.

Falls keine Kühlakkus zur Hand sind, kann man in Plastikflaschen oder Tetrapacks abgefüllte Getränke zu Kühlakkus umfunktionieren. Am Vorabend ins Eisfach oder die Tiefkühltruhe gelegt und vor dem Verlassen des Hauses entnommen, leisten sie während des Transports und der Lagerung bis zum Verzehr gute Kühldienste. Eingefrorene und in einer gut verschließbaren Kunststoffdose verpackte Obststücke (zum Beispiel Kirschen, Stachelbeeren, Weintrauben, mundgerecht gewürfelte Pfirsiche, Nektarinen, Melonen, Kiwis), die man neben die anderen Speisen für unterwegs legt, haben die gleiche Wirkung. Morgens aus dem Tiefkühlfach genommen, sind sie passend zur Mittagspause aufgetaut und liefern gleichzeitig noch einen leckeren Vitaminschub.

Ist man als Unterwegsversorger ein Suppenliebhaber oder passionierter Tee- beziehungsweise Kaffeetrinker, dann stellt sich genau das entgegengesetzte Problem. Nämlich die Frage, wie sich die zu Hause erhitzte Suppe, der Kaffee oder Tee auch Stunden später noch heiß genießen lässt. Das Mittel der Wahl ist hier eine stoßfeste, doppelwandige und durch einen Schraubverschluss dicht verschließbare Isolierkanne aus Kunststoff oder Edelstahl. Bei geschlossener Kanne sinkt die Temperatur um etwa fünf Grad Celsius pro Stunde. Damit die Isolierkanne länger warm hält, empfiehlt es sich, sie vor dem Einfüllen der warm zu haltenden Flüssigkeit zur Hälfte mit kochend heißem Wasser zu füllen, den Deckel zu schließen und das Wasser eine Viertelstunde in der Kanne zu belassen. Danach das Wasser schnell ausgießen und die heiße Suppe oder das Heißgetränk einfüllen.

Wer sämige Suppen oder auch Eintöpfe als Unterwegsverpflegung liebt, kann spezielle Isolierkannen mit breiterem Ausguss im Camping- oder Outdoorbedarf beziehen. Auch der »Henkelmann«, mit dem früher die Bergleute ihre Mahlzeiten unter Tage mitnahmen, erlebt momentan eine Renaissance. Die modernen Henkelmänner für den Unterwegsversorger sind jedoch nicht mehr aus Blech oder Emaille, sondern vakuumisoliert und aus Edelstahl gefertigt.

Da Isolierkannen nicht nur warm, sondern nach dem Umkehrprinzip auch prima kühl halten, können sie in der warmen Jahreszeit, wenn Suppen nicht unbedingt auf dem Genussprogramm stehen, zum Kühlen der Getränke eingesetzt werden. Auch hier bewährt es sich, wenn man die Kanne vor dem Befüllen eine Viertelstunde mit eiskaltem Wasser vorkühlt oder sie über Nacht im Kühlschrank lagert.

Servieren und säubern

Weil das Auge bekanntlich immer mitisst, schmecken gute Speisen von gutem Geschirr immer gleich besser. Echtes Porzellangeschirr ist für Unterwegsversorger oder Picknickliebhaber allerdings weniger geeignet.

Es sei denn, man scheut den finanziellen Aufwand nicht, in einen echt britischen und somit komplett ausgestatteten Picknickkorb zu investieren. Im Normalfall wird man sich für den Genuss für unterwegs allerdings anders behelfen. Belegte Brötchen, Sandwiches und Wraps lassen sich direkt aus der Hand verzehren. Dips, Salate, Spieße und auch der Nachtisch sind einzeln verpackt in Kunststoffdosen gut aufgehoben. Was man an Besteck dazu braucht, das lässt sich meistens irgendwo am Arbeitsplatz deponieren oder man bringt es, in ein Geschirrtuch gewickelt, von zu Hause mit. Sollte man auf Teller oder Tassen nicht verzichten wollen, so gibt es umweltfreundlichere Alternativen zum Pappteller und Pappbecher. Im Camping- und Bootszubehör kann man Kunststoffgeschirr erwerben, das ohne den Einsatz von Weichmachern produziert wird und außerdem noch als unzerbrechlich gilt. Für die zünftige Brotzeit tun es auch ein Holzbrettchen und ein Taschenmesser.

Klebrige Finger nach dem Verzehr der mitgebrachten Leckereien können zum Problem werden, wenn keine Möglichkeit zum Händewaschen besteht. Auch in dieser Hinsicht kann man jedoch ohne großen Aufwand zum Unterwegsversorger werden. Papierservietten sollten ebenso wie Pappteller nicht immer das Mittel der Wahl sein. Besser ist es, eine Dose mit feuchten Tüchern einzustecken, deren Inhalt nach Verbrauch durch eine Nachfüllpackung ersetzt werden kann. Gute Dienste erweist auch ein zu Hause angefeuchtetes Gästehandtuch, das in einem mit einer Klemme verschlossenen Gefrierbeutel aufbewahrt wird. Wer auf Servietten besteht, sollte Stoffservietten verwenden, die nach Gebrauch in der Wäsche landen. In der Regel müssen diese Servietten ja nicht täglich gewechselt werden. Ein Geschirrtuch aus Baumwolle oder Leinen ist übrigens ein günstiger Serviettenersatz.

Steht gar nichts »Stoffliches« zur Verfügung, nutzen Sie die Reste vom Mineralwasser, um sich kurz die Hände damit abzuspülen.

Schneiden und zerkleinern

Ich möchte Ihnen keine falschen Tatsachen vorgaukeln: Wer als Selbstversorger für unterwegs in der eigenen Küche Hand anlegt, benötigt zwangsläufig mehr Zeit und muss mehr Aufwand betreiben als derjenige, der in der Mittagspause den nächstgelegenen Imbissstand ansteuert. Damit die Arbeit beim Kochen und Vorbereiten etwas schneller von der Hand geht, möchte ich Ihnen – sofern noch nicht bei Ihnen vorhanden – die Anschaffung von ein paar Küchenutensilien ans kulinarische Herz legen:

Hochwertige Küchenmesser
Wer schnell und problemlos Obst, Gemüse und Kräuter zerkleinern möchte, der benötigt dazu gutes Schneidewerkzeug. Mann oder Frau als Unterwegsversorger kommt im Regelfall mit drei Messern aus: einem Universalkochmesser, einem Küchen- oder Gemüsemesser und einem Schäl- oder Tourniermesser. Die Messer sollten gut und sicher in der Hand liegen und lange scharf bleiben. Zum Nachschleifen dient ein Wetzstahl.

Ein Pürierstab
Der Pürierstab ist der perfekte Küchenhelfer, da die aus gehärtetem Edelstahl gefertigten Messer im Stabfuß Obst, Gemüse, Gefrorenes und Flüssigkeiten in Sekundenschnelle zerkleinern, pürieren oder mixen. Besonders empfehlenswert sind solche Geräte, an die zusätzlich noch ein sogenannter Universalzerkleinerer angeschlossen werden kann. Damit sind frische Kräuter, Zwiebeln, Knoblauch, Nüsse und Kerne im Nu zerhackt.

Ein Schnellkochtopf
Gerade bei der Zubereitung von Hülsenfrüchten, die in der veganen Küche einen großen Stellenwert haben, kann der Einsatz eines Schnellkochtopfes wertvolle Zeit sowie Energie sparen. Die Hülsenfrüchte sollten beim Garen im Schnellkochtopf immer kalt und ohne vorheriges Einweichen aufgesetzt werden. Gekochte Hülsenfrüchte können problemlos bis zu drei Monate in der Tiefkühltruhe eingefroren werden.

Eine Küchenwaage und ein Messbecher
Für ein gutes Gelingen der ab Seite 33 aufgeführten Rezepte ist das Einhalten der vorgegebenen Mengenangaben unerlässlich. Um Gramm oder Milliliter präzise abmessen zu können, empfiehlt es sich, eine Küchenwaage und einen Messbecher zu verwenden. Wenn mehrere Zutaten hintereinander abgewogen werden müssen, sind moderner Küchenwaagen mit Zuwiegefunktion praktisch, bei der der Zeiger der Skala immer wieder auf null gestellt werden kann.

Eins, zwei, drei …
Genuss für unterwegs ist keine Hexerei

Was wir von den Briten lernen können

Wer als Reisender schon einmal in Großbritannien unterwegs war, wird bemerkt haben, dass die Briten wahre Enthusiasten im Draußen- beziehungsweise Unterwegsspeisen sind. Und das zu jeder Jahreszeit. Solange sich das Nationalgetränk, also eine gute und meistens eher starke Tasse Tee in der Isolierkanne befindet und ein schönes Plätzchen zum Verweilen einlädt, trotzt der wahre Brite dem Hagelschauer im Juni wie den weißen Flocken im Januar. Da wird ein großer Schirm aufgespannt, ein Teil der Parkbank mit einem Tischtuch abgedeckt, eine wärmende Sitzunterlage hervorgeholt und der Inhalt des mitgebrachten Verpflegungskorbes ausgepackt. Das Unterwegsspeisen oder, auf »very british« gesagt, Picknicken hat in Großbritannien eine jahrhundertelange Tradition, die seit der Regierungszeit von Queen Victoria (1819 – 1901) mit Hingabe gepflegt wird. Queen Victoria, so sagt man, hatte eine ausgesprochene Schwäche für das Speisen im Freien, was darin gipfelte, dass für sie der klassische Picknickkorb erfunden wurde. Ein bedeutender kulinarischer Teil des Picknicks wurde ebenfalls von einem blaublütigen Briten erfunden: John Montagu, der vierte Graf von Sandwich (1718 – 1792), bat während eines nächtlichen Cribbage-Spiels seinen Diener, ihm ein wenig Rindfleisch, zwischen zwei Brotscheiben gelegt, für den kleinen Hunger zu bringen. Der einstige Imbiss des englischen Grafen hat inzwischen auch in vielen vegetarischen wie veganen Varianten die ganze Welt erobert und kann, mit den richtigen Zutaten, durchaus als kleine, vollwertige Mahlzeit gelten. Aus dem Pausenbrot wird somit ein sättigendes und gesundes Powerbrot.

Doch woran liegt es, dass die Briten quasi Weltmeister im Picknicken sind? Ein Teil des Erfolgs mag darin liegen, dass sie Übung haben. Wesentlich wichtiger ist aber die rechtzeitige Planung. Und diese wird generalstabsmäßig betrieben. Das beginnt beim Planen der mitzunehmenden Speisen, dem Zusammenstellen der Einkaufsliste und endet damit, dass man kurz vor Aufbruch noch einmal checkt, ob alles für den Genuss für unterwegs vorhanden ist. Ab dem Moment kann den Briten anscheinend nichts und niemand mehr die Freude am Unterwegsspeisen nehmen – nicht einmal das wechselhafte britische Wetter!

Tipps und Tricks für Unterwegsversorger und Open-Air-Genießer

Um dafür zu sorgen, dass Ihr Mittagsimbiss im Park, der Snack in Schule oder Uni, das zweite Frühstück am Arbeitsplatz und Ihr Picknick von Erfolg gekrönt sind, habe ich eine Liste mit alltagserprobten Tipps zusammengestellt, die Sie vor den schlimmsten Pannen bewahren.

Mahlzeitenmanagement

- Stellen Sie sich, zum Beispiel am Wochenende, eine Liste mit den Speisen zusammen, die Sie unter der Woche für die Unterwegsversorgung zubereiten wollen, und stimmen Sie Ihren Einkauf sowie die Zeitplanung für die Zubereitung darauf ab.
- Berücksichtigen Sie bei der Planung einzelne kulinarische Vorlieben.
- Achten Sie beim Einkauf auf Frische und darauf, dass die Produkte so natürlich und so wenig verarbeitet wie möglich sind.
- Denken Sie beim Einkauf auch als Unterwegsversorger an die umwelt- und klimafreundliche Regel: Regional ist optimal!
- Kochen Sie vorausschauend: Hülsenfrüchte können im Schnellkochtopf auf Vorrat gekocht und danach eingefroren werden. Reis, Kartoffeln und Nudeln für Salate können schon ein, zwei Tage vorher gekocht und bis zur Weiterverarbeitung im Kühlschrank gelagert werden.
- Rohkoststicks oder Spieße aus frischem Gemüse sind schnell zusammengestellt, können schon am Abend zuvor komplett zubereitet und gut verpackt im Kühlschrank aufbewahrt werden.
- Gemüsearten in Miniform wie Cocktailtomaten, Minipaprika oder Babykarotten sind schnelle und gesunde Snacks für zwischendurch.
- Frische Kräuter können am Abend zuvor gehackt und in kleinen Kunststoffdöschen im Kühlschrank aufbewahrt werden. Man sollte jedoch darauf achten, dass die frischen Kräuter gut abgetrocknet sind, bevor sie zerkleinert werden, weil Wasser den Gärungsprozess beschleunigt.
- Tiefgekühlte Kräuter sind eine zeitsparende Alternative zu frischen Kräutern. Wenn man sie abends portionsweise aus der Tiefkühltruhe nimmt, sie in kleinen Kunststoffdöschen verpackt in den Kühlschrank gibt, sind sie am nächsten Morgen aufgetaut. In der heißen Jahreszeit sollten sie, insbesondere wenn unterwegs keine Kühlung möglich ist, erst morgens aus der Tiefkühltruhe genommen werden.

Vermeidung von kulinarischen Pleiten und Pannen

- Als generelle Regel gilt: Alles, was zu sehr tropft, schmilzt, klebt oder schnell verdirbt, ist für die Unterwegsversorgung nicht geeignet.
- Von der Lagerung bis zum Verzehr ist für ausreichende Kühlung zu sorgen.
- Alles, was im weitesten Sinn als Fingerfood bezeichnet, das heißt ohne großen Aufwand mit den Fingern verspeist werden kann, ist ideal.
- Belegte Brote und Brötchen, kleine Spieße, bunte Salate, Gemüsesticks mit Dip, Muffins, Kekse, fruchtige Riegel und Schnitten und druckunempfindliches Obst wie Äpfel, Birnen oder Melone sind besonders gut geeignet.
- Bunte Salate aus Gemüse, Kartoffeln, Reis oder Nudeln sind weniger empfindlich als Blattsalate.
- Bei Blatt- und Gurkensalaten das Dressing in einem getrennten Behälter mitnehmen und erst kurz vor dem Verzehr unterrühren.
- Feste Salatsorten wie Frisée-, Eisberg- und Römersalat, Radicchio, Rucola und Chicorée fallen weniger schnell zusammen als grüner Blattsalat.
- Bei sehr heißem Wetter werden zarte Küchenkräuter wie Petersilie, Kerbel oder Estragon schnell sauer and fangen an zu gären. Es empfiehlt sich daher, die frischen Kräuter für das Salatdressing kurz anzufrieren oder gleich tiefgekühlte Kräuter in einem getrennten Behälter mitzunehmen. Die Kräuter erst kurz vor dem Verzehr zum Dressing geben und beides unter den Salat rühren.
- Bei der Auswahl der Brotsorten wählerisch sein: Vollkorn ist immer die bessere Wahl, auch, weil es nicht so schnell austrocknet. Brötchen, Bagels, Brotstangen, Pitabrottaschen, aufeinandergeschichtete Sandwichscheiben und Tortillafladen für Wraps sind durch ihre Formen relativ stabil, sodass sie beim Transport nicht so schnell auseinanderfallen oder krümeln. Lockeres Weiß- oder auch Körnerbrot ist für diese Zwecke weniger geeignet.
- Knäckebrot eignet sich nur bedingt als Mitnahmesnack, weil jeder Belag es sehr schnell weich werden lässt. Für Knäckebrotfans empfiehlt sich, die Knäckebrotscheiben in eine verschließbare Dose zu geben und den Belag erst kurz vor dem Verzehr aufzutragen.
- Belegte Brote mit ausschließlich frischen Belagzutaten am besten morgens zubereiten.

- Belegte Brote, bei denen Belagzutaten gebraten oder gekocht werden oder bei denen Cremes und Dips als Unterlage verwendet werden, am besten in mehreren Schritten vorbereiten. Das heißt, diese Zutaten am Abend vorher fertig zubereiten und die Brote morgens frisch nach Rezept zusammensetzen.
- Das stramme Einwickeln in Butterbrotpapier oder Frischhaltefolie verhindert Austrocknen und Auseinanderfallen.
- Ein paar Salatblätter oder dünn geschnittene Gurken-, Tomaten- oder Radieschenscheiben machen belegte Brotvariationen schön saftig.
- Eine dünne Margarineschicht auf dem Brot verhindert das Durchweichen. Auch gut abgetrockneter Rucola oder ein Salatblatt einer festeren Salatsorte können als Durchweichbarriere verwendet werden.
- Das Bestreichen des Brotes mit zum Beispiel veganer Margarine, Mayonnaise, veganem Senf, Tomatenmark, Pesto oder verschiedenen veganen Cremes verhindert das Herausrutschen des Belags.
- Zum Nachwürzen der Speisen kleine Kunststoffdöschen mit Salz und Pfeffer mitnehmen.
- Viele Suppen sind gekühlt zwei bis drei Tage haltbar oder gut einzufrieren, sodass sie auf Vorrat zubereitet werden können. Am Verzehrstag lassen sie sich morgens schnell aufwärmen und in das Mitnahmegefäß abfüllen.
- Bei der Zubereitung von Suppen darauf achten, dass die Zutaten cremig püriert oder sehr fein gewürfelt sind, damit keine Stückchen im Inneren der Isolierkanne hängen bleiben.

Kulinarische Hits für Kids
- Kinder sind in puncto Essen wählerisch. Sie als Elternteil können zwar bestimmen, was in das Lunchpaket Ihres Kindes kommt. Eine Garantie, dass die von Ihnen mitgegebenen Speisen dann auch tatsächlich gegessen werden, haben Sie nicht. Packen Sie also besser gleich das ein, was Ihr Kind wirklich gerne mag. Und bedenken Sie, dass der Geschmack sich auch ändern kann!
- Weil gerade bei Kindern das Auge mitisst, gestalten Sie die Speisen optisch ansprechend, indem Sie bunte Akzente (zum Beispiel Tomaten- oder Kiwischeiben) setzen oder das Essen lustig gestalten. Sandwiches lassen sich zum Beispiel mit Plätzchenausstechformen schön in Form bringen.

- Fingerfood ist das ideale Food für Kids, variieren Sie also mit Spießen, Gemüse- oder Tofuwürfeln, kleinen Burgern oder Puffern, süßen oder herzhaften Bällchen.
- Obst und Gemüse wird eher gegessen, wenn es schon fertig portioniert ist. Obst also besser in mundgerechte Stücke schneiden, als zum Beispiel einen ganzen Apfel ins Lunchpaket legen. Mandarinen oder Orangen in Spalten teilen oder Obstsalat und Obstspieße anbieten. Diese jedoch mit etwas Zitronensaft beträufeln, damit sie nicht braun anlaufen. Reife Kiwis halbieren, mit den Schnittflächen nach unten in einen kleinen Kunststoffbehälter legen und einen Löffel zum Auslöffeln dazulegen.
- Bedenken Sie beim Würzen, dass Kindergaumen besonders empfindlich reagieren. Deshalb speziell für Kinder lieber etwas weniger von den in den Rezepten angegebenen Würzzutaten verwenden.
- Die meisten Kinder sind Leckermäuler, deshalb sollte im täglichen Lunchpaket auch etwas Süßes nicht fehlen. Selbst gemachte Riegel, Schnitten oder Bällchen aus Nussvariationen und getrocknetem Obst weisen viel natürliche Süße auf und belasten daher nicht zu sehr. Geben Sie Ihrem Kind von den hausgemachten Süßigkeiten am besten eine Extraportion mit, weil sich dafür immer schnell noch mehr hungrige Mäuler finden.
- Vergessen Sie nicht, auch Getränke einzupacken. Mangelnde Flüssigkeitszufuhr kann zu Abgeschlagenheit, Konzentrations- und Sehstörungen führen. Grundschulkinder sollten mindestens einen Liter an Flüssigkeit trinken, bei Jugendlichen in der Pubertät sollte es bis zu anderthalb Liter täglich sein. Das Elterngetränk der Wahl ist natürlich Mineralwasser, was bei Kindern aber nicht unbedingt gut ankommt. Versuchen Sie durch großzügig verdünnte Saftschorlen oder gekühlte, ungesüßte Früchtetees mehr Geschmack in die Trinkflüssigkeit zu bringen. Ein Teil der Trinkflüssigkeit kann auch durch eine Suppe ersetzt werden.
- Sorgen Sie für Abwechslung und überraschen Sie Ihr Kind von Zeit zu Zeit mit einem ganz speziellen Lunchpaket-Angebot.

Picknick – Genuss im Grünen

Ein Picknick mit der Familie, mit Freunden, der oder dem Liebsten im Grünen ist für viele die schönste Form der Unterwegsversorgung. An einem strahlenden Frühlingstag oder einem lauschigen Sommerabend im Gras zu sitzen, die Vögel zwitschern zu hören, den Wolken beim Segeln über den Himmel zuzuschauen und dazu noch eine Auswahl an köstlichen Kleinigkeiten zu verspeisen, das verbindet Natur- und Essgenuss auf einzigartige Weise. Damit der perfekte Picknicktraum in Erfüllung geht, bedarf es einiger Vorbereitungen, denn auch hier steckt der Teufel im Detail. Nichts ist ärgerlicher, als am Picknickplatz der Wahl voller Vorfreude den Picknickkorb auszupacken und dabei festzustellen, dass man die Hälfte zu Hause vergessen hat. Damit Ihnen dieses Missgeschick nicht passiert, habe ich eine Picknick-Checkliste für Sie zusammengestellt. Zusätzlich zu den im Folgenden aufgeführten Punkten behalten natürlich auch die im vorherigen Abschnitt vorgestellten Tipps und Tricks ihre Gültigkeit.

Checkliste Picknick

Damit Ihr Picknick ein Erfolg wird, sollte neben ausreichend Speisen und Getränken Folgendes zu Ihrer Ausrüstung gehören:

- eine nicht zu dünne Decke oder eine spezielle Picknickdecke, deren Unterseite feuchtigkeitsabweisend beschichtet ist,
- ein Picknickkorb oder eine Kühltasche mit Kühlakkus,
- Kunststoffgeschirr oder Holzbrettchen, Kunststoffgläser oder -tassen, Besteck, Stoffservietten,
- ein Korkenzieher und Flaschenöffner oder ein Taschenmesser mit beiden Funktionen,
- Geschirrtücher, Küchenkrepp oder Feuchtigkeitstücher,
- Sonnenschirm oder Regenschutz,
- Sonnencreme und Mückenschutz,
- eine kleine Erste-Hilfe-Tasche für kleinere Blessuren,
- Müllbeutel, um den Abfall mit nach Hause zu nehmen,
- wärmende Pullis oder Jacken,
- Picknickspiele,
- Papiertaschentücher und Toilettenpapier.

Unterwegs genießen zu jeder Jahreszeit

Auch wenn Sie kein Brite sind – mit ein bisschen Fantasie und Geschick lässt es sich zu jeder Jahreszeit im Grünen mit Genuss speisen. Sie müssen lediglich die Auswahl an Speisen und Getränken sowie Ihre Ausrüstung an die entsprechenden Temperaturen anpassen. Sind im Sommer ein Sonnenschirm und ausreichende Kühlung angesagt, sollten Sie bei wechselhaftem Frühlingswetter oder im Herbst den Regenschutz und wärmende Jacken nicht vergessen. Im Winter sorgen heiße Getränke wie Tee oder Punsch, eine wärmende Suppe sowie kuschelige Decken und Handwärmer dafür, dass die Laune nicht unter den Gefrierpunkt absinkt. An öffentlichen Grillplätzen im Park oder Wald lässt sich (nach Genehmigung der zuständigen Gemeinde) ein wärmendes Lagerfeuer entfachen. Schutzhütten bieten Picknickfreunden zu jeder Jahreszeit ein schützendes Dach vor den Wetterunbilden. Eine zünftige Wanderung oder eine Fahrradtour zum Picknickplatz sowie Bewegungsspiele wie Fußball, Federball oder Volleyball vor Ort sorgen nicht nur dafür, dass die aufgenommenen Kalorien schnell wieder verbraucht werden, sondern halten bei niedrigeren Temperaturen automatisch den Körper warm. Und falls es der Wettergott einmal überhaupt nicht gut mit Ihnen meint und das geplante Picknick ins Wasser zu fallen droht, machen Sie es sich doch auf Kissen oder Decken zu Hause auf dem Wohnzimmerboden gemütlich und verzehren Sie Ihre Speisen für unterwegs einfach im eigenen Heim. Der Genuss an sich wird dabei mit Sicherheit keinen Schaden erleiden.

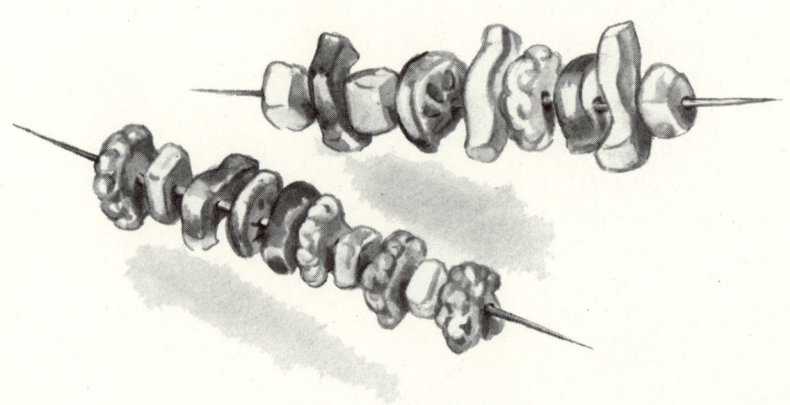

Genuss und Gesundheit

Gesund und fit in jedem Alter

Wissenschaftliche Studien aus aller Welt haben gezeigt, dass eine gut geplante vegane Ernährung mit deutlichen gesundheitlichen Vorteilen einhergehen kann. Um in jedem Alter gesund und fit zu bleiben, ist es jedoch notwendig, den Körper mit all den Vitaminen, Mineralien und Vitalstoffen zu versorgen, die er für sein Wohlergehen braucht. Dabei gibt es alters- und situationsabhängige Schwankungen: Kleinkinder und Heranwachsende, schwangere oder stillende Frauen brauchen mehr an bestimmten Nähr- und Vitalstoffen als Erwachsene. Bei ungünstiger Ernährungsweise können sie daher einen Mangel entwickeln.

Mit einer gut geplanten, abwechslungsreichen und vollwertigen veganen Ernährungsform fällt es in der Regel nicht schwer, den notwendigen Bedarf an fast allen Nährstoffen zu decken und so einen Mangel zu vermeiden. Wer täglich frisches Obst, Gemüse (vor allem dunkelgrüne Gemüsearten) und Kräuter, Vollkornprodukte, Hülsenfrüchte, Sojaprodukte, Nüsse oder Samen sowie pflanzliche Öle in seinen Speiseplan integriert, der ist rundherum gut versorgt. Dennoch sollte bei der veganen Ernährungsform der Aufnahme von Vitamin B_{12} und von Kalzium besondere Beachtung geschenkt werden, um Mangelrisiken zu vermeiden. Dies gilt insbesondere für vegan lebende Kinder und Heranwachsende.

Versorgung mit Vitamin B_{12}

Da der menschliche Stoffwechsel das lebenswichtige Vitamin B_{12} nicht selbst herstellen kann, muss es durch die Nahrung zugeführt werden. Das wasserlösliche Vitamin wird von Mikroorganismen produziert und befindet sich ausschließlich in tierischen Lebensmitteln wie Fleisch, Fisch, Milch, Käse oder Eiern. Fermentierte rein pflanzliche Lebensmittel wie Sauerkraut, Miso, Tempeh und Shoyu enthalten zwar ebenfalls Mikroorganismen, die Vitamin B_{12} herstellen können, doch handelt es sich hierbei lediglich um Vitamin-B_{12}-Analoga, die für den Menschen nicht verwertbar sind. Auch Algen oder Mikroalgen wie Spirulina sind als Vitamin-B_{12}-Quellen ungeeignet. Wer sich vegan ernährt, der muss Vitamin B_{12} also gezielt von außen, das heißt durch entsprechend angereicherte Lebensmittel (Sojadrinks, Frühstückscerealien, Hefeflocken) oder durch ein Nahrungsergänzungsmittel (Tabletten, Tropfen, Ampullen) zuführen. Und das in jedem Alter.

Der tägliche Bedarf an Vitamin B_{12} ist relativ gering: Jugendliche ab 13 Jahren und Erwachsene benötigen 3 Mikrogramm täglich. Bei Kleinkindern bis vier Jahren sollten mindestens 1 Mikrogramm, bei älteren Kindern 1,5 bis 2 Mikrogramm zugeführt werden. Diese Menge erscheint auf den ersten Blick verschwindend gering, ja beinahe unbedeutend. Dennoch kann eine Unterversorgung mit Vitamin B_{12} zu schweren physischen und psychischen Störungen führen. Denn gerade Vitamin B_{12} ist ein wahres Supervitamin, das vielfältig in komplexe Körperfunktionen eingreift. So ist es nicht nur für die Zellteilung und die Bildung von roten Blutkörperchen mitverantwortlich, sondern auch dynamisch am Stoffwechsel von Eiweiß, Fett und Kohlenhydraten beteiligt. Ein Mangel äußert sich in chronischer Müdigkeit und Erschöpfung, Prickeln und Taubheitsgefühlen in Armen und Beinen bis hin zu partiellen Lähmungen oder in ständiger Nervosität, Depressionen und Gedächtnisschwäche. Bis ein Mangel letztendlich diagnostiziert wird, können mitunter Jahre vergehen, weil der Körper über eine große Speicherkapazität dieses Vitamins verfügt. Ein gefüllter Vitamin-B_{12}-Speicher reicht zwischen drei und fünfzehn Jahre.

Um einen Mangel von vornherein auszuschließen oder um die optimale physische wie psychische Entwicklung Ihres Kindes sicherzustellen, sollten Sie sich bei veganer oder tiereiweißfreier Lebensweise kompetent beraten lassen, um für eine ausreichende Zufuhr von Vitamin B_{12} zu sorgen.

Versorgung mit Kalzium

Milch und Milchprodukte sind in Europa die bevorzugte Aufnahmequelle für den Mineralstoff Kalzium, welcher für das Knochenwachstum und damit für die Vorbeugung von Osteoporose eine entscheidende Rolle spielt. Früher ging man davon aus, dass ein Verzicht auf Milchprodukte automatisch mit einer Unterversorgung mit Kalzium einhergeht. Neuere Untersuchungen haben jedoch gezeigt, dass bei Veganern, die sich ausgewogen und vollwertig ernähren, eine geringere Gesamtaufnahme von Kalzium nicht so sehr ins Gewicht fällt. Das liegt darin begründet, dass die vegane Ernährung frei von tierischen Eiweißen ist, die das Ausscheiden von Kalzium über die Nieren begünstigen. Wissenschaftliche Studien zeigen, dass in Ländern, in denen sowohl viele tierische als auch viele kalziumhaltige Lebensmittel verzehrt werden, das Risiko an Osteoporose zu erkranken deutlich höher ist als in Ländern, in denen weniger tierisches Protein und weniger Kalzium aufgenommen wird.

Dennoch sollten Veganer auf eine regelmäßige und ausreichende Kalziumzufuhr achten. Das gilt insbesondere für vegan lebende Kinder, die sich noch im Wachstum befinden und deshalb besonders viel Kalzium benötigen. Leider mögen Kinder nicht automatisch alles, was grün und gesund ist, sodass man mitunter ausprobieren und variieren muss, damit genügend kalziumhaltige Lebensmittel auf dem täglichen Speiseplan stehen. Glücklicherweise versorgt uns Mutter Natur mit einem breiten Spektrum an pflanzlichen Kalziumträgern. Wenn Brokkoli oder Chinakohl als gute Kalziumlieferanten aus der Gemüsegruppe ständig auf dem Teller zurückbleiben, versuchen Sie es doch einmal mit Wirsingwraps (siehe Seite 112) oder einem mit Kohlrabi gefüllten Brötchen (siehe Seite 56). Auch Nüsse, Kerne und Samen sowie getrocknete Früchte sind wertvolle Kalziumspender. Als süße Bällchen oder Fruchtschnitten verarbeitet, werden sie von den wenigsten Kindern verweigert. Gute pflanzliche Quellen für den Knochenbaustein Kalzium sind außerdem:

- Mohnsamen, Sesamsamen, Tahin (Sesammus), Sonnenblumenkerne, Leinsamen
- Mandeln, Haselnüsse, Paranüsse
- getrocknete Datteln, Feigen, Aprikosen, Weintrauben
- Hülsenfrüchte wie schwarze Bohnen, weiße Bohnen, italienische Borlotti-Bohnen, Kichererbsen, Sojabohnen
- Sojaprodukte wie Sojadrinks (die oft mit Kalzium angereichert sind), geröstete Sojabohnen, gekeimte Sojasprossen, Tofu
- Brokkoli, Chinakohl, Grünkohl, Okra, Kohlrabi, Fenchel, Lauch, Staudensellerie, Rucola
- Petersilie, Kresse, Dill, Schnittlauch, Basilikum, Estragon, Brennnessel, Löwenzahn

Die Kalziumversorgung kann außerdem durch kalziumreiche Mineralwässer (mindestens 200 Milligramm Kalzium pro Liter) verbessert werden.

Spinat, Mangold und Rote Bete enthalten neben Kalzium Oxalsäure, die die Aufnahme von Kalzium aus der Nahrung erschwert. Aus diesem

Grund sind diese Gemüsearten als zuverlässige Kalziumlieferanten weniger geeignet.

Versorgung mit Vitamin D

Damit Kalzium adäquat aufgenommen und in Zähne wie Knochen eingelagert werden kann, benötigt der Körper Vitamin D. Ein Mangel an Vitamin D kann bei Kindern wie Erwachsenen zu Knochenerkrankungen wie Rachitis beziehungsweise Osteomalazie führen.

Ebenso wie Vitamin B_{12} kommt Vitamin D ausschließlich in tierischen Produkten wie fettreichem Seefisch oder Eigelb vor, die von Veganern gemieden werden. Um genügend Vitamin D aufzunehmen, empfiehlt es sich nicht unbedingt, sofort auf ein Nahrungsergänzungsmittel zurückzugreifen. Im Sommer reicht ein zehn- bis fünfzehnminütiger Aufenthalt im Freien, damit die Haut unter Sonneneinstrahlung wirksames Vitamin D bildet. In den Wintermonaten reicht die Sonneneinstrahlung vor allem in Mitteleuropa nicht aus, um diesen chemischen Prozess auszulösen. Dies gilt insbesondere für (vegane lebende) Kinder. Sie sollten daher sicherheitshalber mit Ihrem Arzt Rücksprache halten, ab wann und wie eine ausreichende Aufnahme von Vitamin D bewerkstelligt werden kann.

Hinweise zu den Rezepten

So weit nicht anders angegeben, sind die Rezepte für **2 Personen** berechnet. Falls gewünscht, kann die Mehrzahl der Rezepte jedoch problemlos zum Beispiel für den Singlehaushalt halbiert oder für die vierköpfige Familie verdoppelt werden. Letzteres empfiehlt sich auch, wenn Sie Rezepte für die Vorratshaltung vorkochen möchten.

Verwendete Abkürzungen

EL   =   Esslöffel (gestrichen)
TL   =   Teelöffel (gestrichen)
MSP =   Messerspitze

Frei von Milchbestandteilen

In den Rezepten werden Zutaten wie gekörnte Gemüsebrühe, Blätterteig, verschiedene Brot- und Brötchensorten, Zartbitterschokolade, Tafelmeerrettich, Margarine sowie getrocknete Kräutermischungen verwendet. Bitte beachten Sie, dass damit ausschließlich Produkte, die keinerlei tierische Bestandteile enthalten, gemeint sind. Im Zweifelsfall werfen Sie bitte einen kritischen Blick auf die Zutatenliste oder fragen Sie den Hersteller.

Für Sojaallergiker

Der Großteil der Rezepte kommt ganz ohne den Einsatz von Sojaprodukten aus. In einigen Rezepten wird Sojadrink oder Sojasahne verwendet, die Sie jedoch leicht durch Reis-, Mandel- oder Haferdrink und Hafersahne ersetzen können.

Falls Sie auch auf Sojasauce und Ketjap Manis allergisch reagieren, verwenden Sie stattdessen Tomatenketchup oder gekörnte Gemüsebrühe. In den betreffenden Rezepten ist immer eine Alternative angegeben. Anstelle von Sojaöl können Sie auf Rapsöl ausweichen und Miso durch gekörnte Gemüsebrühe ersetzen. In einigen wenigen Rezepten gehören Tofu oder Sojajoghurt zu den Grundzutaten, sodass diese Rezepte für Sie leider nicht in Frage kommen.

Alle Rezepte, die ohne Sojaprodukte sind, tragen den Hinweis **sojafrei** oder **auf Wunsch sojafrei,** wenn das Sojaprodukt ganz einfach ersetzt werden kann.

Menge der Gewürze

Die Angaben zur Menge der verwendeten Gewürze sind Durchschnitts-
werte. Prüfen Sie bitte im Einzelfall, was Ihnen schmeckt und bekommt
und wie viel Sie verwenden möchten.

Ich empfehle in den Rezepten (grobes) Meersalz. Selbstverständlich
steht es Ihnen frei, anderes Speisesalz zu verwenden. Bitte dosieren Sie in
diesem Fall vorsichtig und würzen Sie lieber nach.

Verwendung von Knoblauch

In einigen Rezepten wird der Gebrauch von Knoblauch vorgeschlagen.
Falls Ihr Umfeld auf Knoblauch empfindlich reagiert, können Sie entweder die im Rezept angegebene Menge reduzieren, ganz auf den Knoblauch
verzichten oder ihn durch andere Zwiebelgewächse ersetzen. Anstelle von
einer Knoblauchzehe können Sie einen knappen Teelöffel fein gehackte
Schalotte oder Frühlingszwiebel verwenden. Wenn Sie den grünen Keim
im Inneren der Knoblauchzehe entfernen, wird der Geruch reduziert, die
Bekömmlichkeit von Knoblauch dagegen gesteigert.

Zu den Backtemperaturen

Alle Temperaturangaben gelten, sofern nicht anders erwähnt, für Elektroöfen mit Umluftfunktion. Bei Gasbacköfen oder Elektroöfen ohne Umluft
bitte die Angaben des Herstellers beachten und die entsprechende Temperatur aus der Bedienungsanleitung entnehmen. Bei Angabe der Garzeiten
wird, sofern im Rezept nicht ausdrücklich anders erwähnt, von einem vorgeheizten Backofen ausgegangen.

Zeichenerklärung

Die Rezepte sind mit folgenden Symbolen gekennzeichnet:

 schnell fertig   sojafrei

 am Vorabend zubereiten   auf Wunsch sojafrei

 morgens früh zubereiten   auch bei Kindern beliebt

Vom Dippen und Cremen

Der Begriff »Dip« kommt aus dem Englischen und bedeutet »eintauchen, tunken, stippen«. Worin man tunkt oder stippt, das sind im Folgenden herzhafte, cremig frische Gaumenfreuden aus Gemüse und Hülsenfrüchten in Kombination mit hochwertigen Speiseölen und Milchersatzprodukten. Die Grenze zwischen Dip und Creme verläuft fließend, wobei eine Creme auch als Aufstrich oder als Unterlage für belegte Brote verwendet werden kann. Da ein Dip oder eine Creme alleine in der Regel nicht satt machen, empfehlen sich zum Stippen (geröstetes) Brot oder Gemüsesticks. Besonders Kinder dippen gerne, Dips zählen zum klassischen Fingerfood. Im Kühlschrank aufbewahrt, sind alle Cremes bis auf die, die Avocado enthalten, zwei bis drei Tage haltbar. Unterwegs sollten sie in einem kleinen, separaten Gefäß mitgeführt werden.

Artischockendip

150 g gegarte Artischockenherzen (aus dem Glas)
1 Schalotte
1 – 2 Knoblauchzehen
2 – 3 MSP fein gehackter Rosmarin
3 EL Olivenöl
1 TL Zitronensaft
Meersalz
frisch gemahlener weißer Pfeffer

- Die Artischockenherzen mit klarem Wasser abspülen und gut abtropfen lassen.
- Die Schalotte schälen und vierteln, den Knoblauch schälen und halbieren.
- Knoblauch und Schalotte zusammen mit den Artischocken im Mixbehälter der Küchenmaschine oder mit dem Pürierstab fein pürieren.
- Den Rosmarin zusammen mit dem Olivenöl und dem Zitronensaft zu den Artischocken geben und ein weiteres Mal pürieren.
- Den Dip mit Salz und Pfeffer abschmecken.

- Tipp: Dazu schwarze oder grüne Oliven sowie Tomatenspalten und Zwiebelringe einpacken.

Auberginendip mit Meeresaroma

1 – 2 EL getrockneter »Meeressalat«
   (Mischung aus Dulse, Nori und Meereslattich)
etwas Wasser
1 – 2 Schalotten
1 Knoblauchzehe
2 EL Olivenöl
½ mittelgroße Aubergine
80 g Räuchertofu
1 EL grobkörniger Senf
1 TL Weißweinessig
1 EL Sojasauce
1 EL fein gehackter Majoran
1 EL fein gehackte krause Petersilie
1 EL fein gehacktes Basilikum
½ TL fein gehackter Thymian
frisch gemahlener schwarzer Pfeffer

- Den Meeressalat kurz unter fließendem Wasser abspülen, dann zehn Minuten einweichen. In ein Sieb geben und etwas abtropfen lassen.
- Die Algenmischung in einem kleinen Topf mit etwas frischem Wasser bedecken und zum Kochen bringen. Kurz aufwallen lassen, dann vom Herd nehmen und fünf Minuten ziehen lassen. Danach in ein Sieb geben und gut abtropfen lassen.
- Die Schalotten und den Knoblauch schälen, grob würfeln und in einem Esslöffel Olivenöl in der Pfanne anschwitzen.
- Die Aubergine ebenfalls grob würfeln und mit einem weiteren Esslöffel Olivenöl braten, bis das Fruchtfleisch weich ist.
- Den Räuchertofu grob würfeln.
- Den abgetropften Meeressalat, die Auberginenmasse, den Räuchertofu, den Senf, den Weißweinessig und die Sojasauce in den Mixbehälter der Küchenmaschine geben und sehr fein pürieren.
- In eine Schüssel umfüllen und die Kräuter unterrühren. Den Dip herzhaft mit Pfeffer abschmecken.

Basilikum-Zitronen-Creme

30 g Pinienkerne
½ Bund Basilikum
3 EL erkaltete, kräftige Gemüsebrühe
2 EL Olivenöl
1 EL Zitronensaft
½ TL abgeriebene Zitronenschale
1 kleine Knoblauchzehe
Meersalz
frisch gemahlener schwarzer Pfeffer

- Die Pinienkerne in der trockenen Pfanne kurz anrösten. Danach etwas abkühlen lassen und im Mixbehälter der Küchenmaschine zerkleinern.
- Die Basilikumblätter von den Stängeln zupfen. Kurz abbrausen und mit Küchenkrepp trockentupfen.
- Die Gemüsebrühe und die Basilikumblätter zu den Pinienkernen in den Mixbehälter geben und nochmals kurz zerkleinern. Die Creme sollte noch etwas stückig bleiben.
- Die Creme in eine kleine Schüssel umfüllen. Das Olivenöl, den Zitronensaft, die Zitronenschale sowie die geschälte und durchgepresste Knoblauchzehe unterrühren.
- Die Creme mit Salz und Pfeffer abschmecken.

- Tipp: Schmeckt gut als Aufstrich von Tomatenbrötchen oder als Dip zu den Minipaprika-Tomaten-Spießen (siehe Seite 123) und den provenzalischen Spießen (siehe Seite 124).

Bohnendip mit Chili

130 g gekochte weiße Bohnen
2 EL feine Haferflocken
2 – 3 EL Hefeflocken
1 TL weißes Sesammus (Tahin)
1 TL mittelscharfer Senf
1 TL Zitronensaft
3 EL Sonnenblumenkerne
1 geschälte und geviertelte Knoblauchzehe (nach Wahl)
1 MSP gemahlener Kreuzkümmel
1 MSP gemahlener Koriander
5 EL erkaltete Gemüsebrühe
1 EL Olivenöl
Meersalz
rote Chilisauce

- Alle Zutaten bis auf das Salz und die Chilisauce in den Mixbehälter der Küchenmaschine geben und so lange pürieren, bis eine glatte Creme entstanden ist.
- Den Dip mit Salz und Chilisauce abschmecken.

Dip nach Tatarenart

1 kleine Frühlingszwiebel
3 Cornichons
1 EL eingelegte Kapern
150 g Sojajoghurt
5 EL Soja- oder Hafersahne
1 EL mittelscharfer Senf
2 EL fein gehackte krause Petersilie
2 EL fein gehackter Schnittlauch
1 EL fein gehackter Kerbel
1 EL fein gehackter Estragon
Meersalz
frisch gemahlener weißer Pfeffer

- Von der Frühlingszwiebel nur das Weiße in feine Ringe schneiden, den Rest anderweitig verwenden.
- Die Cornichons fein würfeln, die Kapern fein hacken.
- Den Sojajoghurt mit der Sojasahne und dem Senf verrühren.
- Die Frühlingszwiebel, Cornichons, Kapern und die gehackten Kräuter zur Joghurtmasse geben.
- Den Dip mit Salz und Pfeffer abschmecken.

- Tipp: Dieser Dip schmeckt gut zu den Brotspießen (siehe Seite 119) oder zu Rohkoststicks aus feinem Frühjahrsgemüse wie zum Beispiel Kohlrabi, Radieschen, Karotten.

Exotischer Rote-Bete-Dip

1 kleine gekochte Rote Bete
200 g Seidentofu
2 EL Feigenmarmelade
1 EL fein gehackte krause Petersilie
1 TL fein gehackter Ingwer
1 TL mildes Currypulver
½ TL gemahlene Kurkuma
2 MSP gemahlenes Piment
Meersalz

- Die Rote Bete grob würfeln und zusammen mit dem Seidentofu und der Feigenmarmelade in ein hochwandiges Rührgefäß geben. Mit dem Pürierstab zu einer glatten Creme pürieren.
- Die Petersilie, den Ingwer, das Currypulver, die Kurkuma und das Piment unterrühren.
- Den Dip mit Salz abschmecken.

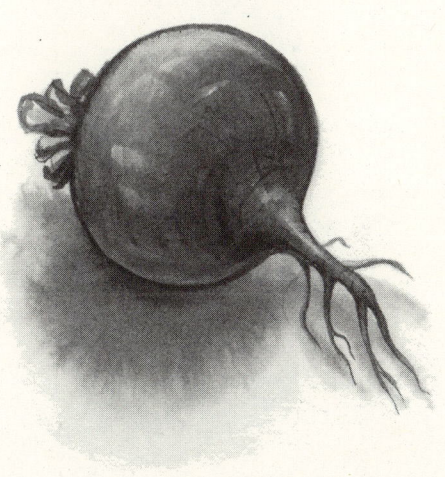

Feurige Avocadocreme

1 ½ reife Avocados
1 – 2 EL Limettensaft
1 Tomate
1 – 2 EL fein gehacktes Koriandergrün
    ersatzweise glatte Petersilie
rote Chilisauce
Meersalz

- Das Fruchtfleisch der Avocados auslöffeln und mit einer Gabel zermusen.
- Sofort den Limettensaft unterrühren.
- Die Tomate fein würfeln.
- Die Tomate und das Koriandergrün zur Avocado gegen und gut vermischen.
- Die Avocadocreme mit roter Chilisauce und Salz abschmecken.
- Vor dem Verzehr noch einmal gründlich umrühren.

□ Tipp: Da pürierte Avocado bei längerer Lagerung braun anläuft sowie schnell verdirbt, sollte dieser Dip morgens frisch zubereitet werden.

Goldgelber »Schnittkäse«

für etwa 400 Gramm Käse

75 g Paranusskerne
75 g Tofu (natur)
1 kleine Knoblauchzehe
1 ½ EL Zitronensaft
2 EL Hefeflocken
1 EL milder Senf
1 EL weißes Sesammus (Tahin)
1 EL Rapsöl
1 TL gemahlene Kurkuma
½ – 1 TL Meersalz
200 ml Soja-, Reis- oder Haferdrink
1 Beutel (10 g) Agar-Agar
    oder 2 TL Agar-Agar-Pulver
Rapsöl für die Form

- Die Paranusskerne im Mixbehälter der Küchenmaschine staubfein zerkleinern.
- Den Tofu kurz abbrausen, in Küchenkrepp einschlagen und vorsichtig das überschüssige Wasser auspressen. Danach grob würfeln und in den Mixbehälter der Küchenmaschine geben.
- Die Knoblauchzehe schälen sowie vierteln und zusammen mit dem Zitronensaft, den Hefeflocken, dem Senf, dem Tahin, dem Rapsöl, der Kurkuma und dem Salz ebenfalls in den Mixbehälter geben. Das Ganze zu einer feinen Creme pürieren.
- Den Sojadrink unter ständigem Rühren (Achtung: kocht leicht über!) zum Kochen bringen und das Agar-Agar einrieseln lassen.
- Unter ständigem Rühren etwa zwei Minuten sprudelnd kochen, zu den anderen Zutaten in den Mixbehälter geben und gründlich pürieren.
- Die Käsemasse in einen gut eingefetteten Kunststoffbehälter geben und über Nacht im Kühlschrank« durchkühlen lassen.
- Den Rand vorsichtig mit einem scharfen Messer lösen und den Schnittkäse auf einen Teller stürzen.

Gurkendip mit Minze

1 Schalotte
120 g Schlangengurke
200 g Sojajoghurt
2 EL fein gehackter Dill
1 EL fein gehackte Minze
1 – 2 Spritzer Zitronensaft
Meersalz
frisch gemahlener weißer Pfeffer

- Die Schalotte schälen und fein hacken.
- Die Gurke fein raspeln.
- Gurke und Schalotte mit dem Sojajoghurt und den Kräutern verrühren.
- Den Dip mit Zitronensaft sowie Salz und Pfeffer abschmecken.

Mandelmayonnaise

75 g Mandeln
½ TL Meersalz
1 geschälte und halbierte Knoblauchzehe (nach Wahl)
1 – 2 EL Hefeflocken
1 ½ EL Zitronensaft
2 – 3 EL Sonnenblumenöl
5 EL kaltes Wasser

- Die Mandeln mit kochend heißem Wasser übergießen, eine Viertelstunde ruhen lassen, dann das Wasser abgießen und die Mandeln enthäuten.

- Die Mandeln zusammen mit den restlichen Zutaten in den Mixbehälter der Küchenmaschine geben und zu einer feinen Creme pürieren. Dabei des Öfteren die Mandelmasse mit einem Spatel oder Löffel von der Gefäßwand nach unten drücken, sodass die Zutaten gleichmäßig zerkleinert werden.

- Tipp: Die Mandelmayonnaise kann wie jede andere handelsübliche Mayonnaise verwendet werden. Durch die Zugabe von frischen Kräutern und / oder fein gewürfelten Cornichons sowie Schalotten kann sie geschmacklich verfeinert werden.
  Die Mandelmayonnaise hält sich in einem verschließbaren Gefäß im Kühlschrank gut eine Woche.

Petersiliencreme

1 Bund glatte Petersilie
½ Schalotte
1 kleine Knoblauchzehe (nach Wahl)
1 – 2 EL eingelegte Kapern
20 g Semmelbrösel
4 EL Sonnenblumenöl
2 EL Olivenöl
1 EL Weißweinessig
Meersalz
frisch gemahlener schwarzer Pfeffer

- Die Petersilie kurz abbrausen, trockentupfen und die Blättchen von den Stängeln zupfen.
- Die Schalotte und die Knoblauchzehe schälen und grob würfeln.
- Die Petersilie zusammen mit der Schalotte, der Knoblauchzehe und den Kapern in den Mixbehälter der Küchenmaschine geben und alles gründlich pürieren.
- Danach in eine kleine Schüssel umfüllen und die Semmelbrösel, das Öl und den Weißweinessig unterrühren.
- Die Petersiliencreme mit Salz und Pfeffer abschmecken.

Pinienkerndip

30 g Pinienkerne
250 g Sojajoghurt
3 EL Soja- oder Hafersahne
1 TL Johannisbrotkernmehl
4 EL fein gehackte Gartenkräuter
  (z. B. Kerbel, Dill, Petersilie, Schnittlauch, Estragon)
1 TL Balsamico bianco
Meersalz
frisch gemahlener weißer Pfeffer

- Die Pinienkerne in der trockenen Pfanne kurz anrösten. Danach abkühlen lassen und fein hacken.
- Die Pinienkerne mit dem Sojajoghurt, der Sojasahne, dem Johannisbrotkernmehl, den Kräutern und dem Balsamessig verrühren.
- Mit Salz und Pfeffer abschmecken.

Scharfer Tomaten-Radieschen-Dip

1 kleine Frühlingszwiebel
1 Knoblauchzehe
4 Radieschen
2 Tomaten
3 – 4 EL Tomatenmark
Meersalz
frisch gemahlene Chiliflocken

- Von der Frühlingszwiebel nur das Weiße in Ringe schneiden, den Rest anderweitig verwenden.
- Die Knoblauchzehe schälen und grob zerkleinern.
- Die Radieschen und Tomaten grob würfeln.
- Alles in den Mixbehälter der Küchenmaschine geben und gründlich pürieren.
- Das Tomatenmark unterrühren und den Dip mit Salz und Chiliflocken abschmecken.
- Vor dem Verzehr noch einmal gründlich umrühren.

☐ Tipp: Falls die Tomaten nicht sommerreif sind und daher viel Wasser abgeben, rühren Sie noch etwas mehr Tomatenmark unter.
Schmeckt gut zu den Zucchinichips (siehe Seite 142) oder als scharfe Füllung für Wraps.

Tahin-Kräuter-Dip

200 g Sojajoghurt
2 EL Zitronensaft
2 MSP abgeriebene Zitronenschale
1 EL weißes Sesammus (Tahin)
2 EL fein gehackte glatte Petersilie
2 EL fein gehackter Schnittlauch
1 EL fein gehackter Dill
1 EL fein gehackter Estragon
Meersalz
frisch gemahlener weißer Pfeffer

■ Alle Zutaten für den Tahin-Kräuter-Dip miteinander verrühren und herzhaft mit Salz und Pfeffer abschmecken.

Weiße Bohnencreme

150 g gekochte weiße Bohnen
2 EL Olivenöl
1 EL Zitronensaft
1 TL Balsamico bianco
½ Schalotte
1 kleine Knoblauchzehe
1 – 2 EL fein gehackte glatte Petersilie
1 – 2 MSP scharfes Paprikapulver
7 grüne entkernte Oliven
Meersalz

- Die Bohnen zusammen mit dem Olivenöl, dem Zitronensaft und dem weißen Balsamessig in ein hochwandiges Rührgefäß geben und mit dem Pürierstab zu einer glatten Creme pürieren.
- Die Schalotte schälen, fein hacken und zusammen mit der geschälten und durchgepressten Knoblauchzehe, der Petersilie und dem Paprikapulver unter die Bohnenmasse rühren.
- Die Oliven in feine Scheiben schneiden und vorsichtig unterziehen.
- Die Bohnencreme mit Salz abschmecken.

☐ Tipp: Als Brotbelag oder Dip zu den provenzalischen Kartoffelspalten (siehe Seite 102) oder den glasierten Babykarotten-Oliven-Spießen (siehe Seite 120) verwenden.

Zucchinicreme

100 g Zucchini
1 Knoblauchzehe (nach Wahl)
100 g Sojajoghurt
4 EL Soja- oder Hafersahne
½ TL Johannisbrotkernmehl
1 – 2 EL Olivenöl
1 EL fein gehacktes Basilikum
1 TL Zitronensaft
½ TL abgeriebene Zitronenschale
Meersalz
frisch gemahlener weißer Pfeffer

- Die Zucchini fein raspeln.
- Die Knoblauchzehe schälen, durch die Knoblauchpresse drücken und mit den Zucchiniraspeln in eine Schüssel geben.
- Die restlichen Zutaten dazugeben und alles miteinander verrühren, sodass eine glatte Creme entsteht.
- Die Zucchinicreme herzhaft mit Salz und Pfeffer abschmecken.

Brotzeit ist die schönste Zeit

Für die kleine Mahlzeit unterwegs gibt es nichts Praktischeres als belegte Brote oder Brötchen. Die Brotschicht hält den Belag im Inneren in Form und sorgt zudem für schnelle und lang anhaltende Sättigung. Wen wundert es, dass belegte Brote oder Brötchen bei Unterwegsversorgern auf der Beliebtheitsskala ganz oben stehen. Leider schleichen sich beim täglichen Broteschmieren oft Routine und Eintönigkeit ein. Um mehr Farbe und Abwechslung ins Spiel zu bringen, habe ich bei den folgenden Rezepten verschiedene Brotsorten und frische, vollwertige Zutaten kombiniert. Raffinierte Zusammenstellungen sorgen dafür, dass für jeden Geschmack und jeden Anlass etwas vorhanden ist. So wird die Brotzeit, auch oder gerade die vegane, mitunter zur schönsten Zeit des Tages!

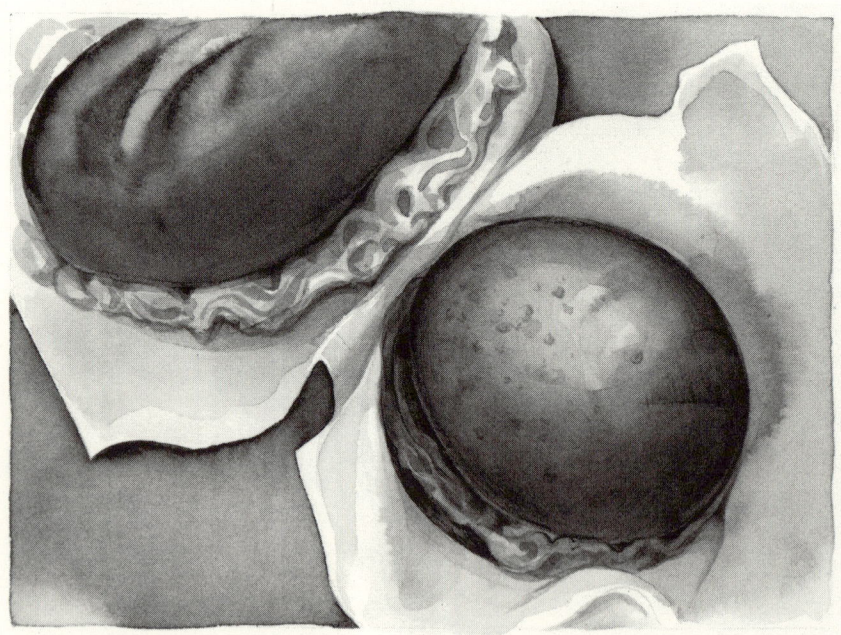

Bagels mit cremigem Frühlingsgemüse

2 Vollkornbagels
100 g gekochte weiße Bohnen
3 – 4 EL Soja-, Reis- oder Haferdrink
½ kleine, fein geraspelte Karotte
2 – 3 EL fein gehackter Staudensellerie
1 EL in feine Streifen geschnittene Frühlingszwiebel
1 Spritzer Zitronensaft
1 TL Balsamico bianco
1 TL Sonnenblumenöl
½ TL Johannisbrotkernmehl
1 EL fein gehackter Schnittlauch
1 TL fein gehackter Dill
Meersalz
frisch gemahlener weißer Pfeffer
grüne Chilisauce
2 große Salatblätter

- Die Bagels aufschneiden und die Schnittflächen auf dem Toaster leicht rösten.
- Die Bohnen zusammen mit dem Sojadrink in ein hochwandiges Rührgefäß geben und mit dem Pürierstab zu einer feinen Creme pürieren.
- Das Gemüse unter die Bohnencreme ziehen.
- Den Zitronensaft, Balsamessig, das Sonnenblumenöl und Johannisbrotkernmehl unterrühren.
- Die Kräuter dazugeben und die Gemüsefüllung mit Salz, Pfeffer und grüner Chilisauce abschmecken.
- Die Salatblätter auf die unteren Bagelhälften legen und die Gemüsefüllung darauf verteilen. Die Bagelhälften zusammenklappen.

- Tipp: Wer von den Bagels allein nicht satt wird, kann die würzigen Sesamkugeln (siehe Seite 141) dazu essen.

Baguette mit Tofu-Pilz-Pfanne

1 Frühlingszwiebel
1 Knoblauchzehe (nach Wahl)
1 – 2 EL Rapsöl
4 mittelgroße Champignons (etwa 120 g)
120 g Tofu (natur)
1 EL Sojasauce
1 TL mittelscharfer Senf
½ TL gemahlene Kurkuma
1 EL fein gehackter Estragon
1 EL fein gehackter Schnittlauch
Meersalz
frisch gemahlener weißer Pfeffer
2 – 3 EL Mandelmayonnaise (siehe Seite 43)
2 Vollkornbaguettes zum Aufbacken (insgesamt etwa 300 g)
2 – 3 Salatblätter

- Die Frühlingszwiebel in feine Ringe schneiden, die Knoblauchzehe schälen und fein hacken.
- Beides im heißen Öl anschwitzen.
- Die Champignons mit feuchtem Küchenkrepp säubern und fein würfeln. Zu Zwiebel und Knoblauch in die Pfanne geben.
- Den Tofu kurz abbrausen, in Küchenkrepp einschlagen und das überschüssige Wasser vorsichtig auspressen. Danach mit den Fingerspitzen oder den Zinken einer Gabel fein zerkrümeln und ebenfalls in die Pfanne geben.
- Die Champignons und den Tofu zuerst bei relativ hoher Temperatur kurz anbraten, dann die Temperatur reduzieren und die Tofupfanne gut fünf Minuten schmoren.
- Die Sojasauce, den Senf, die Kurkuma und die Kräuter unterrühren und nochmals drei bis vier Minuten schmoren.
- Danach mit Salz und Pfeffer abschmecken und abkühlen lassen.
- Nach dem Abkühlen die Mandelmayonnaise unterziehen.

- Die Baguettes nach Packungsanweisung im Backofen aufbacken und abkühlen lassen.
- Danach der Länge nach aufschneiden und die unteren Baguettehälften mit den Salatblättern belegen.
- Von den oberen Baguettehälften das weiche Innere etwas aushöhlen und anderweitig verwenden.
- Die Tofu-Pilz-Pfanne auf den unteren Baguettehälften verteilen und die Baguettehälften zusammenklappen.

Süßes Bananenbrötchen

2 Vollkornbaguettebrötchen
4 TL Erdnusscreme
2 kleine Bananen
2 TL Ahornsirup
2 MSP gemahlener Zimt
2 EL gehackte Mandeln

- Die Vollkornbrötchen aufschneiden und die vier Schnittflächen jeweils mit einem Teelöffel Erdnusscreme bestreichen.
- Die unteren Brötchenhälften jeweils mit einer halbierten Banane belegen. Die Bananen mit dem Ahornsirup überträufeln, mit dem Zimt überstäuben und den Mandeln bestreuen.
- Danach die oberen Brötchenhälften auflegen.

Herzhaftes Bananenbrötchen

2 Vollkornbaguettebrötchen
4 EL Bohnendip mit Chili (siehe Seite 37)
2 große Salatblätter
2 kleine Banànen
2 EL Sonnenblumenkerne
½ TL mildes Currypulver
Meersalz
frisch gemahlene Chiliflocken

- Die Vollkornbrötchen aufschneiden und die vier Schnittflächen jeweils mit einem Esslöffel Bohnendip bestreichen.
- Die unteren Brötchenhälften jeweils mit einem Salatblatt und einer halbierten Banane belegen.
- Die Bananen mit den Sonnenblumenkernen, dem Currypulver und etwas Salz überstreuen und mit Chiliflocken nach Geschmack würzen.
- Danach die oberen Brötchenhälften auflegen.

Baguettebrötchen mit Kohlrabicarpaccio

½ Kohlrabi
2 EL Olivenöl
1 EL Zitronensaft
2 MSP abgeriebene Zitronenschale
2 EL fein gehackte krause Petersilie
1 EL fein gehackte Minze
Meersalz
frisch gemahlener weißer Pfeffer
2 Vollkornbaguettebrötchen

- Den Kohlrabi in hauchdünne Scheiben schneiden oder hobeln und in eine Schüssel geben.
- Das Olivenöl mit Zitronensaft, Zitronenschale, Petersilie und Minze zu einem Dressing verrühren.
- Das Dressing mit den Kohlrabischeiben vermischen und mit Salz und Pfeffer würzen.
- Das Carpaccio kurz ziehen lassen.
- Die Baguettebrötchen aufschneiden und die unteren Hälften mit dem Kohlrabicarpaccio belegen.
- Die oberen Brötchenhälften auflegen.

Brötchen mit Austernpilzen und Basilikumcreme

4 Austernpilze
1 – 2 EL Olivenöl
Meersalz
frisch gemahlener schwarzer Pfeffer
2 Vollkornbaguettebrötchen
4 – 5 EL Basilikum-Zitronen-Creme (siehe Seite 36)
2 große Salatblätter

- Die Austernpilze vorsichtig mit feuchtem Küchenkrepp säubern und die harten Stiele herausschneiden.
- Das Olivenöl in einer Pfanne erhitzen und die Austernpilze von beiden Seiten darin braten. Mit Salz und Pfeffer würzen.
- Die Baguettebrötchen aufschneiden und die vier Schnittflächen mit der Basilikum-Zitronen-Creme bestreichen.
- Die unteren Brötchenhälften mit jeweils einem Salatblatt belegen.
- Die Austernpilze darauf verteilen.
- Die oberen Brötchenhälften vorsichtig daraufsetzen.

Dinkelbrötchen mit gebratener Aubergine

1 – 2 EL Olivenöl
4 mittelgroße Scheiben Aubergine
Meersalz
frisch gemahlener schwarzer Pfeffer
2 Dattelkirschtomaten
2 Dinkelbrötchen
4 – 5 EL Petersiliencreme (siehe Seite 44)
½ TL fein gehackter Rosmarin
2 EL fein gehackte rote Zwiebel
1 EL fein gehacktes Basilikum
2 EL grob gehackte Pinienkerne

- Das Olivenöl in der Pfanne heiß werden lasen und die Auberginen-scheiben darin von beiden Seiten kräftig braten. Danach mit Salz und Pfeffer würzen.
- Die Dattelkirschtomaten in dünne Scheiben schneiden.
- Die Dinkelbrötchen aufschneiden und die Schnittflächen mit der Peter-siliencreme bestreichen.
- Die Auberginenscheiben auf den unteren Brötchenhälften verteilen und mit dem Rosmarin überstreuen.
- Die Tomatenscheiben und die fein gehackte Zwiebel darüber verteilen und mit dem Basilikum überstreuen.
- Die Pinienkerne darauf verteilen und den Belag mit Salz und Pfeffer würzen.
- Danach die Brötchenhälften zusammenklappen.

Gurkensandwiches

4 Scheiben Vollkornsandwichbrot
4 TL weiche Margarine
100 g Schlangengurke
2 EL fein gehackte Kresse
Meersalz

- Die Sandwichscheiben (falls gewünscht) entrinden und mit der Margarine bestreichen.
- Die Gurke schälen und in hauchdünne Scheiben schneiden oder hobeln.
- Die Gurkenscheiben auf zwei der Sandwichscheiben verteilen.
- Mit der Kresse und ein wenig Salz überstreuen.
- Die verbliebenen Sandwichscheiben auflegen und die Sandwiches diagonal teilen.

Holländische Sandwichrollen

4 Scheiben Vollkorntoast
4 TL Margarine
4 TL mittelscharfer Senf
etwa 100 g goldgelber »Schnittkäse« (siehe Seite 41)
4 Cornichons
1 EL fein gehackte Zwiebel
2 EL fein gehackte krause Petersilie
2 – 3 MSP gemahlener Kümmel
scharfes Paprikapulver
4 Zahnstocher

- Die Toastscheiben auf der Arbeitsfläche mit einem Nudelholz kräftig bearbeiten, sodass sie flacher und größer werden.
- Jede Scheibe zuerst mit einem Teelöffel Margarine, dann mit einem Teelöffel Senf bestreichen.
- Den goldgelben »Schnittkäse« darauf verteilen.
- Auf jede Toastscheibe mittig ein Cornichon legen.
- Mit der Zwiebel, der Petersilie, dem Kümmel und etwas Paprikapulver überstreuen.
- Die Toastscheiben aufrollen und mit einem Zahnstocher fixieren.

☐ Tipp: Sollte einmal nichts von dem goldgelben »Schnittkäse« zur Hand sein, können Sie diesen durch Erdnusstofu oder Paprikatofu ersetzen.

Mediterrane Maxiburger

½ *mittelgroßer Zucchino*
4 EL Olivenöl
Meersalz
frisch gemahlener schwarzer Pfeffer
2 große runde Auberginenscheiben
2 Hand voll Rucola
3 – 4 EL Tomatenmark
1 EL fein gehacktes Basilikum
1 – 2 EL Hefeflocken
1 kleine Knoblauchzehe
2 Vollkornburgerbrötchen
2 TL mittelscharfer Senf
4 in Öl eingelegte, getrocknete Tomaten

- Den Zucchino der Länge nach in Scheiben schneiden.
- Zwei Esslöffel Olivenöl in die Pfanne geben und die Zucchinischeiben darin braten. Mit Salz und Pfeffer würzen und aus der Pfanne nehmen.
- Einen weiteren Esslöffel Olivenöl in der Pfanne heiß werden lassen und die Auberginenscheiben von beiden Seiten darin braten. Ebenfalls und mit Salz und Pfeffer würzen.
- Den Rucola waschen und trockenschleudern.
- Das Tomatenmark mit dem Basilikum, den Hefeflocken, der geschälten und durchgepressten Knoblauchzehe und einem Esslöffel Olivenöl verrühren. Mit Salz und Pfeffer herzhaft abschmecken.
- Die Burgerbrötchen aufschneiden und die Schnittflächen mit dem angemachten Tomatenmark bestreichen.
- Den Rucola auf den unteren Brötchenhälften verteilen.
- Die Zucchinischeiben auf den Rucola geben.
- Darauf jeweils eine Auberginenscheibe legen.
- Die Auberginenscheibe mit einem Teelöffel Senf bestreichen.
- Auf jede Auberginenscheibe zwei in Öl eingelegte und etwas abgetropfte Tomaten geben.
- Die Brötchenhälften zusammenklappen.

Nussbrot mit Walnuss-Karotten-Füllung

Für die Füllung:
50 g Walnüsse
1 kleine Schalotte
1 Karotte
4 EL Tomatenmark
2 EL fein gehackte krause Petersilie
1 EL Sojasauce oder 1 EL Tomatenketchup
1 EL Hefeflocken
1 TL Walnussöl oder Sonnenblumenöl
2 MSP gemahlener Kreuzkümmel
Meersalz
frisch gemahlener schwarzer Pfeffer

4 kleine Scheiben Nussbrot
2 große Salatblätter

- Für die **Füllung** die Walnüsse fein hacken oder mahlen.
- Die Schalotte schälen und fein hacken, die Karotte fein raspeln.
- Die Walnüsse, Schalotte und Karotte mit den anderen Zutaten für die Füllung vermischen und mit Salz und Pfeffer abschmecken.
- Zwei Scheiben Nussbrot jeweils mit einem Salatblatt belegen.
- Die Walnuss-Karotten-Füllung darauf verteilen und zwei weitere Brotscheiben auflegen.

- Tipp: Als Snack dazu schmecken die gerösteten Knoblauchhaselnüsse (siehe Seite 133) besonders gut.

Pitabrot mit pikanter Tofufüllung

200 g Tofu (natur)
½ Zwiebel
1 kleine Knoblauchzehe
1 – 2 EL Olivenöl
1 Karotte
1 grüne Paprikaschote
1 – 2 EL Sojasauce
1 EL fein gehackter Majoran
1 TL fein gehackter Thymian
1 MSP gemahlener Kreuzkümmel
1 MSP gemahlener Koriander
½ TL mildes Paprikapulver
3 EL Tomatenmark
4 EL Sonnenblumenkerne
Meersalz
grüne Chilisauce
2 Vollkorn-Pitabrottaschen

- Den Tofu kurz abspülen, in Küchenkrepp einschlagen und das überschüssige Wasser vorsichtig auspressen.
- Die Zwiebel und den Knoblauch schälen, fein hacken und im heißen Olivenöl anschwitzen.
- Die Karotte und Paprika fein würfeln. Zur Zwiebel in die Pfanne geben und ebenfalls zwei bis drei Minuten anschwitzen.
- Den Tofu mit den Fingerspitzen direkt in die Pfanne zerkrümeln und bei hoher Temperatur und ständigem Rühren kross anbraten.
- Die Sojasauce hinzufügen und die Temperatur etwas reduzieren.
- Mit dem Majoran, Thymian, Kreuzkümmel, Koriander und dem Paprikapulver würzen.
- Das Tomatenmark und die Sonnenblumenkerne unterrühren und die Füllung unter Rühren drei bis vier Minuten schmoren.
- Die Tofufüllung mit Salz und grüner Chilisauce abschmecken und abkühlen lassen.
- Die Füllung in die aufgeschnittenen Pitabrottaschen geben.

Sandwiches mit Auberginencreme

1 Aubergine
2 kleine Knoblauchzehen
2 EL Olivenöl
1 EL Zitronensaft
2 EL fein gehackte glatte Petersilie
1 TL fein gehackte Minze
½ TL fein gehackter Thymian
½ TL fein gehackter Oregano
½ TL mildes Paprikapulver
2 – 3 MSP scharfes Paprikapulver
Meersalz
frisch gemahlener weißer Pfeffer
4 Scheiben Vollkornsandwichbrot
4 TL weiche Margarine

- Die Aubergine kurz abbrausen, trockentupfen und mehrmals mit den Zinken einer Gabel in die Außenhaut einstechen.
- Die Aubergine zusammen mit den ungeschälten Knoblauchzehen auf ein mit Backpapier ausgelegtes Backblech geben.
- Die Aubergine im Backofen bei 200 °C 25 – 30 Minuten backen, bis die Haut anfängt, Blasen zu werfen und die Aubergine innen sehr weich ist.
- Die Knoblauchzehen schon nach etwa zehn Minuten oder sobald sie weich sind aus dem Backofen nehmen.
- Die Aubergine etwas abkühlen lassen, dann der Länge nach halbieren und das Fruchtfleisch mit einem Löffel auskratzen.
- Das Fruchtfleisch zusammen mit dem Olivenöl und Zitronensaft in ein hochwandiges Rührgefäß geben.
- Die Häutchen vom Knoblauch abziehen und die Knoblauchzehen zur Aubergine geben.
- Alles mit dem Pürierstab zu einer feinen Creme pürieren.
- Die Kräuter und das Paprikapulver unterrühren.
- Die Auberginencreme mit Salz und Pfeffer abschmecken und abkühlen lassen.

- Die Sandwichscheiben (falls gewünscht) entrinden, dann mit der Margarine bestreichen.
- Die Hälfte der Sandwichscheiben mit der Auberginencreme bestreichen.
- Die verbliebenen Sandwichscheiben auflegen und die Sandwiches diagonal teilen.

□ Tipp: Die Auberginencreme schmeckt auch gut als Dip. Für diesen Zweck sollten Sie die Mengen jedoch verdoppeln. Im Kühlschrank hält sich die Auberginencreme drei bis vier Tage.

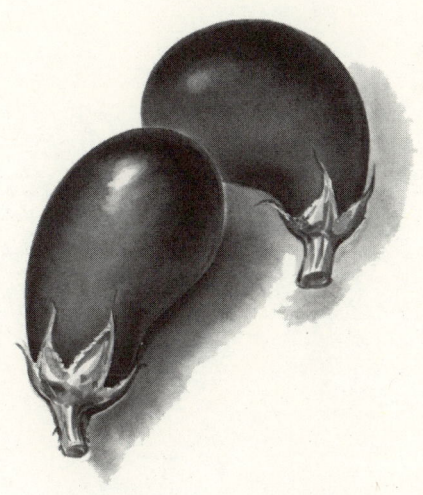

Toastbrötchen mit Avocado

½ geschälte Avocado
1 TL Balsamico bianco
2 Vollkorntoastbrötchen
4 – 5 EL Mandelmayonnaise (siehe Seite 43)
6 Scheiben Schlangengurke
2 grüne eingelegte milde Pfefferschoten
Meersalz
frisch gemahlener weißer Pfeffer

- Die Avocadohälfte der Länge nach in dünne Scheiben schneiden und mit dem Balsamessig überträufeln.
- Die Vollkorntoastbrötchen im Toaster toasten.
- Die Brötchenhälften mit der Mandelmayonnaise bestreichen.
- Die unteren Brötchenhälften zuerst mit den Avocadoscheiben, dann mit den Gurkenscheiben und zuletzt mit den Pfefferschoten belegen.
- Mit Salz und Pfeffer würzen und die Brötchenhälften zusammenklappen.

Tomaten-Basilikum-Brötchen

4 EL Tomatenmark
1 EL Wasser
1 EL Olivenöl
1 TL Aceto Balsamico
1 Knoblauchzehe (nach Wahl)
2 EL fein gehacktes Basilikum
1 EL fein gehackter Oregano
Meersalz
frisch gemahlener schwarzer Pfeffer
2 Vollkornciabattabrötchen
2 (Flaschen-)Tomaten
1 – 2 Stängel Basilikum

- Das Tomatenmark mit dem Wasser, Olivenöl und Aceto Balsamico verrühren.
- Die geschälte und durchgepresste Knoblauchzehe sowie die Kräuter unterrühren und herzhaft mit Salz und Pfeffer abschmecken.
- Die Ciabattabrötchen aufschneiden und die Schnittflächen mit der Tomatencreme bestreichen.
- Die Tomaten in Scheiben schneiden und auf den unteren Brötchenhälften verteilen.
- Die Basilikumblätter vom Stängel zupfen und grob hacken, dann die Tomaten damit überstreuen.
- Die Brötchenhälften zusammenklappen.

☐ Tipp: Diese italienischen Tomatenbrötchen harmonieren wunderbar mit dem Ciabattasalat (siehe Seite 92).

Tomaten-Käse-Sandwiches

4 Scheiben Vollkornsandwichbrot
4 TL weiche Margarine
4 EL Mandelmayonnaise (siehe Seite 43)
1 TL grobkörniger Senf
½ TL mildes Paprikapulver
2 kleine Tomaten
Meersalz
frisch gemahlener schwarzer Pfeffer
60 g goldgelber »Schnittkäse« (siehe Seite 41)

- Die Sandwichscheiben (falls gewünscht) entrinden, dann mit der Margarine bestreichen.
- Die Mandelmayonnaise mit dem Senf und Paprikapulver verrühren und die Sandwichscheiben damit bestreichen.
- Die Tomaten in dünne Scheiben schneiden.
- Zwei Sandwichscheiben damit belegen.
- Die Tomaten mit Salz und Pfeffer würzen.
- Den goldgelben »Schnittkäse« darauf verteilen.
- Die verbliebenen zwei Sandwichscheiben auflegen und die Sandwiches diagonal teilen.

□ Tipp: Falls Sie keine Zeit haben, vorab den goldgelben »Schnittkäse« zuzubereiten, können Sie ihn durch vier dünne Scheiben Räuchertofu oder Oliventofu ersetzen.

Würziges Sauerkrautbrot

1 rote Paprikaschote
2 EL Rapsöl
Meersalz
frisch gemahlener schwarzer Pfeffer
1 kleine Zwiebel
160 g gut abgetropftes Weinsauerkraut
1 Lorbeerblatt
1 EL Weißweinessig
½ TL Roh-Rohrzucker
2 – 3 MSP gemahlener Kümmel
½ TL mildes Paprikapulver
2 EL fein gehackte krause Petersilie
1 TL fein gehackter Thymian
4 Scheiben Sauerteigbrot
4 – 5 TL mittelscharfer Senf
2 TL Röstzwiebeln

- Die Paprika in dünne Streifen schneiden und in einem Esslöffel heißem Rapsöl in der Pfanne braten.
- Mit Salz und Pfeffer würzen und aus der Pfanne nehmen.
- Einen weiteren Esslöffel Rapsöl heiß werden lassen und die geschälte und fein gehackte Zwiebel darin anschwitzen.
- Das Sauerkraut, Lorbeerblatt, den Essig, Zucker und den Kümmel hinzufügen und das Sauerkraut gut fünf Minuten schmoren.
- Das Paprikapulver, die Petersilie und den Thymian dazugeben und nochmals kurz schmoren.
- Herzhaft mit Salz und Pfeffer würzen, das Lorbeerblatt entfernen und das Sauerkraut abkühlen lassen.
- Das Sauerteigbrot mit dem Senf bestreichen.
- Das Sauerkraut auf zwei Brotscheiben geben, die Paprikastreifen darauf verteilen.
- Mit den Röstzwiebeln überstreuen und die verbliebenen zwei Brotscheiben auflegen.

Zucchini-Karotten-Sandwiches

2 kleine Frühlingszwiebeln
1 Knoblauchzehe (nach Wahl)
3 EL Olivenöl
4 EL Sonnenblumenkerne
Meersalz
frisch gemahlener weißer Pfeffer
1 kleiner Zucchino
1 Karotte
1 EL Balsamico bianco
2 EL fein gehackte glatte Petersilie
4 Scheiben Vollkornsandwichbrot
4 TL weiche Margarine

- Die Frühlingszwiebeln in feine Ringe schneiden, die Knoblauchzehe schälen und fein hacken und beides in einem Esslöffel Olivenöl anschwitzen.
- Die Sonnenblumenkerne hinzufügen und zwei bis drei Minuten mit dem Gemüse schmoren.
- Danach das Zwiebelgemüse mit Salz und Pfeffer würzen und aus der Pfanne nehmen.
- Den Zucchino und die Karotte quer halbieren, dann der Länge nach in dünne Scheiben schneiden oder hobeln.
- Zwei Esslöffel Olivenöl in der Pfanne erhitzen und die Zucchini- und Karottenscheiben darin bissfest braten.
- Den Balsamessig und die Petersilie unterrühren und das Gemüse herzhaft mit Salz und Pfeffer abschmecken.
- Die Sandwichscheiben (falls gewünscht) entrinden und mit der Margarine bestreichen.
- Die Zucchini- und Karottenscheiben auf zwei Sandwichscheiben verteilen.
- Das Zwiebelgemüse darübergeben.
- Die verbliebenen Sandwichscheiben auflegen und die Sandwiches diagonal teilen.

Lecker gebraten oder gekonnt gewickelt

An manchen Tagen braucht man etwas Herzhaftes zum Reinbeißen, das ohne Brot auskommt. Schmackhafte Puffer, herzhafte Gemüseburger oder raffiniert gefüllte Wraps sind dann die Mittel der Wahl. Auch sie lassen sich mit wenig Aufwand am Vorabend zubereiten und am Tag darauf am Bestimmungsort ohne Kleckern verspeisen. Mit einem Salat, Gemüsespieß oder kleinen Dessert kombiniert, werden die köstlichen Kleinigkeiten schnell zu einer vollwertigen Mahlzeit. Die Burger, Puffer, Muffins sowie die Wraps an sich (ohne Füllung) können sogar auf Vorrat zubereitet werden. Einmal gebraten oder gebacken und danach gut gekühlt, halten sie sich zwei bis drei Tage. Die Dips zu den Burgern oder die Füllung für die Wraps können Sie am Vorabend zubereiten.

Apfel-Lauch-Puffer mit Mohn

für 8 Apfel-Lauch-Puffer

1 Stange Lauch
1 – 2 EL Rapsöl
1 Apfel
2 EL Mohnsamen
50 g zarte Haferflocken
4 EL geröstetes Kichererbsenmehl
1 TL weißes Sesammus (Tahin)
1 TL mildes Currypulver
2 EL fein gehackter Schnittlauch
Meersalz
frisch gemahlener schwarzer Pfeffer
Rapsöl zum Braten

- Den Lauch der Länge nach halbieren und in feine Halbmonde schneiden. Danach im Rapsöl anschwitzen, bis er in sich zusammenfällt. Vor der Weiterverwendung etwas abkühlen lassen.
- Den Apfel raspeln und zusammen mit den Mohnsamen, den Haferflocken und dem Kichererbsenmehl zum Lauch geben.
- Alles gut vermischen, dann das Sesammus, Currypulver und den Schnittlauch unterrühren.
- Die Puffermasse mit Salz und Pfeffer abschmecken.
- Mit den Händen acht Minipuffer ausformen und diese in heißem Rapsöl von beiden Seiten braten.

☐ Tipp: Als Beilage zu diesen Puffern schmeckt der fruchtige Karottensalat (siehe Seite 94) besonders gut.

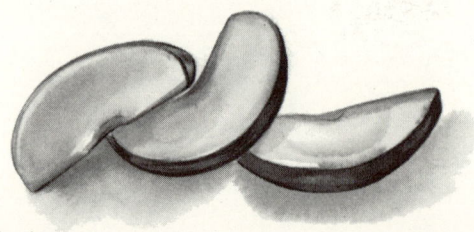

Exotische Bohnenburger

für 4 Burger

150 g gekochte Kidneybohnen
2 EL Tomatenmark
2 EL Sojasauce oder 2 EL Tomatenketchup
1 EL Erdnusscreme
1 Schalotte
1 haselnussgroßes Stück Ingwer
1 kleine Karotte
1 Knoblauchzehe
4 EL geröstetes Kichererbsenmehl
2 EL Semmelbrösel
2 EL fein gehackte glatte Petersilie
½ TL mildes Currypulver
2 Spritzer Zitronensaft
3 – 4 MSP abgeriebene Zitronenschale
Meersalz
rote Chilisauce
Rapsöl zum Braten

- Die Kidneybohnen in ein hochwandiges Rührgefäß geben und zusammen mit dem Tomatenmark, der Sojasauce und der Erdnusscreme mit dem Pürierstab pürieren.
- Die geschälte Schalotte und den Ingwer fein hacken, die Karotte fein raspeln, die Knoblauchzehe schälen und durchpressen und alles zur Bohnenmasse geben.
- Das Kichererbsenmehl, die Semmelbrösel, die Petersilie, das Currypulver, den Zitronensaft und die Zitronenschale unterrühren und alles gut vermischen, sodass eine glatte Teigmasse entsteht.
- Mit Salz und Chilisauce herzhaft abschmecken.
- Mit den Händen vier kleine Burger ausformen und diese in heißem Rapsöl von beiden Seiten braten.

□ Tipp: Dazu schmeckt der Rote-Bete-Dip (siehe Seite 39).

Buchweizenwraps mit Rotkrautfüllung

Für 4 Buchweizenwraps:
100 g Buchweizenmehl
60 g Weizenmehl (Type 1050)
1 TL Meersalz
1 TL Backpulver
2 EL Rapsöl
etwa 280 ml Wasser
4 TL Rapsöl zum Braten

Für die Rotkrautfüllung:
200 g Rotkraut
1 kleine Karotte
30 g Walnüsse
40 g getrocknete Cranberrys
2 EL fein gehackte krause Petersilie
1 – 2 EL Sonnenblumenöl
1 EL Aceto Balsamico
Meersalz
frisch gemahlener schwarzer Pfeffer

- Für die **Buchweizenwraps** die trockenen Zutaten vermischen.
- Zuerst das Rapsöl und dann das Wasser unter Rühren hinzufügen. So lange rühren, bis ein glatter, flüssiger Teig entstanden ist.
- Den Teig eine Viertelstunde ruhen lassen.
- In der Zwischenzeit für die **Rotkrautfüllung** das Rotkraut und die Karotte grob raspeln.
- Die Walnüsse grob hacken und zum Rotkraut und zur Karotte geben.
- Die Cranberrys, die Petersilie, das Sonnenblumenöl und den Aceto Balsamico hinzufügen und alles gut vermischen.
- Die Füllung mit Salz und Pfeffer abschmecken.
- Den Teig für die Buchweizenwraps nach der Ruhezeit noch einmal gründlich durchrühren.
- Einen Teelöffel Rapsöl in einer (beschichteten) Pfanne erhitzen und pro Wrap etwa eine große Schöpfkelle voll Teig in die heiße Pfanne gießen.

- Mit einem Teigschaber schnell den Teig als dünne Schicht auf der heißen Fläche verteilen. Sobald der Teig stockt und auf der Unterseite etwas angebräunt ist, den Wrap umdrehen und auf der zweiten Seite ebenfalls goldbraun braten.
- Die Wraps nach dem Braten zum Abkühlen auf einem flachen Teller stapeln und mit Frischhaltefolie abdecken, damit sie nicht an Flüssigkeit verlieren und beim späteren Zusammenrollen reißen.
- Die Füllung auf den Buchweizenwraps verteilen und die Wraps von den Seiten her fest zusammenrollen.
- Die Wraps zum Transport dicht nebeneinander in eine Kunststoffdose legen.

Goldene Weizenwraps mit Mangold-Nuss-Füllung

Für 4 Weizenwraps:
120 g Weizenmehl (Type 1050)
40 g geröstetes Kichererbsenmehl
1 TL Meersalz
1 TL Backpulver
1 TL gemahlene Kurkuma
140 ml Soja-, Reis- oder Haferdrink
140 ml Wasser
1 TL Apfelessig
4 TL Rapsöl zum Braten

Für die Mangold-Nuss-Füllung:
1 kleine Zwiebel
1 EL Rapsöl
200 g geputzter Mangold
50 g grob gehackte Walnüsse
1 TL Sherry-Essig
1 EL fein gehackter Thymian
1 TL fein gehackter Rosmarin
Meersalz
frisch gemahlener schwarzer Pfeffer

- Für die **Weizenwraps** die trockenen Zutaten in einer Schüssel miteinander vermischen.
- Den Sojadrink mit dem Wasser und dem Apfelessig verrühren.
- Die Flüssigkeit mit den trockenen Zutaten vermischen. So lange rühren, bis ein glatter, flüssiger Teig entsteht.
- Einen Teelöffel Rapsöl in einer (beschichteten) Pfanne erhitzen und pro Wrap etwa eine große Schöpfkelle voll Teig in die heiße Pfanne gießen.
- Mit einem Teigschaber schnell den Teig als dünne Schicht auf der heißen Fläche verteilen. Sobald der Teig stockt und auf der Unterseite etwas angebräunt ist, den Wrap umdrehen und auf der zweiten Seite ebenfalls goldbraun braten.

- Die Wraps nach dem Braten zum Abkühlen auf einem flachen Teller stapeln und mit Frischhaltefolie abdecken, damit sie nicht an Flüssigkeit verlieren und beim späteren Zusammenrollen reißen.
- Für die **Mangold-Nuss-Füllung** die Zwiebel schälen, fein hacken und im heißen Rapsöl kurz anschwitzen.
- Den Mangold in feine Streifen schneiden und zur Zwiebel in die Pfanne geben.
- Die Walnüsse, den Essig, Thymian und Rosmarin hinzufügen und nur so lange schmoren, bis der Mangold anfängt, in sich zusammenzufallen.
- Die Pfanne vom Herd nehmen und die Füllung mit Salz und Pfeffer abschmecken.
- Die abgekühlte Mangold-Nuss-Füllung auf den vier Weizenwraps verteilen und die Wraps von den Seiten her fest zusammenrollen.
- Die Wraps zum Transport dicht nebeneinander in eine Kunststoffdose legen.

☐ Tipp: Einen frischen Geschmack erhalten die Wraps, wenn Sie pro Wrap noch zwei Esslöffel Pinienkerndip (siehe Seite 45) oder Mandelmayonnaise (siehe Seite 43) auf die Mangold-Nuss-Füllung geben.

Falafel – Kichererbsenbällchen

für 10 kleine Falafel

1 kleine Zwiebel
1 Knoblauchzehe
1 EL Olivenöl
240 g gekochte Kichererbsen
2 EL geröstetes Kichererbsenmehl
1 TL weißes Sesammus (Tahin)
1 EL Zitronensaft
3 EL fein gehackte glatte Petersilie
3 MSP gemahlener Kreuzkümmel
3 MSP gemahlener Koriander
Meersalz
frisch gemahlener schwarzer Pfeffer
Olivenöl zum Braten

- Die Zwiebel und den Knoblauch schälen, fein hacken und im heißen Olivenöl anschwitzen.
- Die Kichererbsen im Mixbehälter der Küchenmaschine fein pürieren.
- Die Zwiebel und den Knoblauch, das Kichererbsenmehl, Tahin und den Zitronensaft unterrühren.
- Die Petersilie, den Kreuzkümmel und Koriander hinzufügen und alles gut vermischen.
- Die Falafelmasse herzhaft mit Salz und Pfeffer abschmecken.
- Mit den Händen etwa zehn kleine Bällchen ausformen und diese von beiden Seiten in reichlich Olivenöl braten.

☐ Tipp: Zu den Falafel schmeckt der Tahin-Kräuter-Dip (siehe Seite 47) besonders gut.

Italienische Miniburger

für 8 Miniburger

1 Schalotte
1 Knoblauchzehe
1 kleiner Zucchino
4 in Öl eingelegte, getrocknete Tomaten
5 EL gemahlene Mandeln
5 EL kernige Haferflocken
5 EL Weizenmehl (Type 1050)
1 EL fein gehackter Oregano
1 TL fein gehackter Majoran
1 TL fein gehackter Thymian
5 EL Gemüsebrühe
Meersalz
frisch gemahlener schwarzer Pfeffer

- Die Schalotte und die Knoblauchzehe schälen und fein hacken.
- Den Zucchino raspeln.
- Die eingelegten Tomaten fein würfeln.
- Das Gemüse mit den Mandeln, den Haferflocken und dem Weizenmehl vermischen.
- Die Kräuter und die Gemüsebrühe unterrühren und die Mischung herzhaft mit Salz und Pfeffer abschmecken.
- Mit den Händen acht Miniburger ausformen und diese auf ein mit Backpapier ausgelegtes Backblech legen.
- Die Miniburger in den **nicht vorgeheizten** Backofen geben und bei 200 °C 35 – 40 Minuten backen.

Maismehlwraps mit Bohnenfüllung

Für 4 Maismehlwraps:
80 g Weizenmehl (Type 1050)
60 g Maismehl
1 TL Backpulver
1 TL Meersalz
etwa 260 ml Wasser
4 TL Raps- oder Sojaöl zum Braten

Für die Füllung:
2 kleine Frühlingszwiebeln
1 kleine grüne Paprikaschote
180 g gekochte Kidneybohnen
4 EL Soja- oder Hafersahne
3 EL Tomatenmark
1 EL Weißweinessig
3 MSP gemahlener Kreuzkümmel
3 MSP gemahlener Koriander
3 EL fein gehackte glatte Petersilie
Meersalz
frisch gemahlene Chiliflocken

- Für die **Maismehlwraps** die trockenen Zutaten in einer Schüssel vermischen.
- Nach und nach unter Rühren das Wasser hinzufügen, sodass ein glatter, relativ flüssiger Teig entsteht.
- Einen Teelöffel Raps- oder Sojaöl in einer (beschichteten) Pfanne erhitzen und pro Wrap etwa eine große Schöpfkelle voll Teig in die heiße Pfanne gießen.
- Mit einem Teigschaber schnell den Teig als dünne Schicht auf der heißen Fläche verteilen. Sobald der Teig stockt und auf der Unterseite etwas angebräunt ist, den Wrap umdrehen und auf der zweiten Seite ebenfalls goldbraun braten.

- Die Wraps nach dem Braten zum Abkühlen auf einem flachen Teller stapeln und mit Frischhaltefolie abdecken, damit sie nicht an Flüssigkeit verlieren und beim späteren Zusammenrollen reißen.
- Für die **Bohnenfüllung** die Frühlingszwiebeln in feine Scheiben schneiden, die Paprika fein würfeln.
- Zusammen mit den Kidneybohnen in eine kleine Schüssel geben.
- Die Sojasahne mit dem Tomatenmark, dem Weißweinessig, Kreuzkümmel, Koriander und der Petersilie verrühren.
- Ebenfalls in die Schüssel geben und alles gut vermischen.
- Die Füllung herzhaft mit Salz und Chiliflocken abschmecken.
- Die Bohnenfüllung auf den vier Maismehlwraps verteilen und die Wraps von den Seiten her fest zusammenrollen.
- Die Wraps zum Transport dicht nebeneinander in eine Kunststoffdose legen.

Minilauchstrudel mit Walnüssen

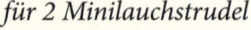

für 2 Minilauchstrudel

½ Zwiebel
1 Stange Lauch
1 – 2 EL Rapsöl
½ Apfel
3 EL grob gehackte Walnüsse
2 – 3 EL Soja- oder Hafersahne
2 EL geröstetes Kichererbsenmehl
1 EL fein gehackte krause Petersilie
1 TL fein gehackter Majoran
1 TL fein gehackter Thymian
1 – 2 MSP geriebene Muskatnuss
Meersalz
frisch gemahlener schwarzer Pfeffer
etwa 130 g frischer Blätterteig
    ersatzweise tiefgekühlt und aufgetaut
1 TL Soja-, Reis- oder Haferdrink

- Die Zwiebel schälen und fein hacken, den Lauch in feine Streifen schneiden.
- Zuerst die Zwiebel im heißen Rapsöl kurz anschwitzen, dann den Lauch hinzufügen. So lange schmoren, bis der Lauch in sich zusammenfällt.
- Den Apfel entkernen, würfeln und zum Lauch geben.
- Nochmals drei bis vier Minuten schmoren, dann die Walnüsse, Sojasahne, das Kichererbsenmehl, die Kräuter und die Muskatnuss unterrühren.
- Die Füllung mit Salz und Pfeffer abschmecken und etwas abkühlen lassen.
- Den frischen Blätterteig in zwei gleich große Rechtecke teilen (den aufgetauten Blätterteig zu zwei Rechtecken ausrollen).
- Die Lauchfüllung mittig auf den Blätterteigscheiben verteilen und glatt streichen.

- Die Seiten zur Mitte hin umschlagen und die so entstandene Nahtstelle fest andrücken.
- Die Ministrudel mit den Nahtstellen nach unten auf ein mit Backpapier ausgelegtes Backblech legen.
- Die Ministrudel mit dem Sojadrink bestreichen.
- Mit einem scharfen Messer pro Ministrudel drei kleine Lüftungsschlitze einritzen.
- Die Ministrudel im Backofen bei 180 °C 25 – 30 Minuten backen.

□ Tipp: Dazu schmecken die gebackenen Kürbisspalten (siehe Seite 95) besonders gut.

Kartoffel-Karotten-Puffer

für 4 Kartoffel-Karotten-Puffer

4 mittelgroße Kartoffeln (etwa 400 g)
1 kleine Karotte
1 kleine Zwiebel
4 EL geröstetes Kichererbsenmehl
4 EL Weizenmehl (Type 1050)
1 – 2 MSP geriebene Muskatnuss
2 EL fein gehackter Schnittlauch
2 EL fein gehackte krause Petersilie
Meersalz
frisch gemahlener schwarzer Pfeffer
Rapsöl zum Braten

- Die Kartoffeln und die Karotte schälen und raspeln.
- Die Zwiebel ebenfalls schälen und raspeln.
- Das Gemüse mit dem Kichererbsenmehl, Weizenmehl und der geriebenen Muskatnuss verrühren.
- Den Schnittlauch und die Petersilie unterziehen und den Teig herzhaft mit Salz und Pfeffer abschmecken.
- Mit den Händen vier Puffer ausformen und diese im heißen Rapsöl in der Pfanne von beiden Seiten ausbacken.

☐ Tipp: Kombinieren Sie die Puffer mit dem Dip auf Tatarenart (siehe Seite 38).

Saftige Polentasticks

für 8 Polentasticks

1 rote Zwiebel
1 EL Olivenöl
500 ml Wasser
1 TL Meersalz
130 g Polenta (Maisgrieß)
3 – 4 EL fein gehackte gemischte Gartenkräuter
*   (z. B. Schnittlauch, Petersilie, Estragon, Kresse)*
2 EL Hefeflocken
1 EL Weißweinessig
frisch gemahlener weißer Pfeffer
Olivenöl zum Braten

- Die Zwiebel schälen, fein hacken und im heißen Olivenöl im Topf anschwitzen.
- Das Wasser mit dem Salz hinzufügen und zum Kochen bringen.
- Die Polenta unter Rühren einrieseln lassen.
- Kurz aufkochen, dann den Topf vom Herd nehmen und die Kräuter, die Hefeflocken und den Essig unterrühren.
- Herzhaft mit Pfeffer würzen.
- Die Polenta mit aufgelegtem Deckel zurück auf die ausgeschaltete Herdplatte geben und in etwa zehn Minuten ausquellen lassen. Dabei gelegentlich rühren, damit die Polenta nicht am Topfboden ansetzt.
- Danach die Polenta auf einem Backblech oder Schneidebrett gut einen Zentimeter dick ausstreichen und auskühlen lassen.
- Die Polenta in schmale Rechtecke schneiden und diese in heißem Olivenöl in der Pfanne knusprig braten.

□ Tipp: Kombinieren Sie die Polentasticks mit dem Artischockendip (siehe Seite 34) oder mit dem Pfannenpaprika mit Mandeln (siehe Seite 101).

Spargel in Blätterteighülle

8 Stangen weißer Spargel (etwa 350 g)
etwa 400 ml Wasser
1 TL Roh-Rohrzucker
1 TL Meersalz
250 g frischer Blätterteig
    ersatzweise tiefgekühlt und aufgetaut
4 EL Petersiliencreme (siehe Seite 44)
4 EL Sonnenblumenkerne
2 TL Hefeflocken
frisch gemahlener weißer Pfeffer
1 TL Soja-, Reis- oder Haferdrink

- Den Spargel zusammen mit dem Wasser, Zucker und Salz in eine hoch-wandige Pfanne geben und in knapp 15 Minuten bissfest garen.
- Danach den Spargel gut abtropfen und abkühlen lassen.
- Den Blätterteig in vier lange, gleich große Rechtecke schneiden. (Den aufgetauten Blätterteig zu vier langen Rechtecken ausrollen.)
- Jedes Rechteck mit einem Esslöffel Petersiliencreme bestreichen und mit zwei Stangen Spargel belegen.
- Jeweils mit einem Esslöffel Sonnenblumenkerne und einem halben Teelöffel Hefeflocken überstreuen.
- Den Spargel mit etwas Pfeffer würzen.
- Die Ränder des Blätterteigs von allen vier Seiten über dem Spargel zusammenklappen und gut andrücken.
- Den gefüllten Blätterteig mit den Nahtstellen nach unten auf ein mit Backpapier ausgelegtes Backblech legen.
- Mit dem Sojadrink bestreichen.
- In jedes Blätterteigrechteck mit einem scharfen Messer drei kleine Lüf-tungsschlitze einritzen.
- Den Blätterteig im Backofen bei 200 °C etwa 20 Minuten backen, bis die Oberfläche schön gebräunt ist.

- Tipp: Der zubereitete Spargel ist im Kühlschrank mindestens zwei Tage haltbar. Sie können die große Portion daher auch auf zwei Tage verteilen.

Tomatenmuffins

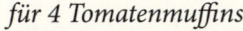

für 4 Tomatenmuffins

5 getrocknete Tomaten
etwas heißes Wasser
120 g Weizenmehl (Type 1050)
2 EL Hefeflocken
1 EL Röstzwiebeln
½ TL Backpulver
½ TL Meersalz
½ TL mildes Paprikapulver
1 EL Olivenöl
1 geschälte und durchgepresste Knoblauchzehe (nach Wahl)
1 TL fein gehackter Thymian
1 TL fein gehackter Rosmarin
1 TL Balsamico bianco
frisch gemahlener weißer Pfeffer
100 ml Soja-, Reis- oder Haferdrink
Öl oder Margarine für die Form

- Die getrockneten Tomaten mit kochend heißem Wasser übergießen und eine Viertelstunde darin ziehen lassen.
- Danach das Wasser abgießen, die Tomaten mit den Händen leicht auspressen und sehr fein würfeln.
- Die trockenen Zutaten für den Muffinteig miteinander verrühren.
- Das Olivenöl, den Knoblauch, Thymian und Rosmarin sowie den Balsamessig hinzufügen. Mit etwas Pfeffer würzen.
- Unter Rühren den Sojadrink hinzufügen, sodass ein glatter Teig entsteht.
- Die Tomaten unterziehen und den Teig auf vier gut gefettete Muffinförmchen verteilen.
- Die Tomatenmuffins im Backofen bei 180 °C 18 – 20 Minuten backen.

- ☐ Tipp: Wenn Sie zur selben Zeit die Zitronen-Mohn-Muffins (siehe Seite 171) backen, verbrauchen Sie die einfache Menge an Energie für den doppelten Genuss.

Vollkornwraps mit mediterraner Füllung

Für 4 Vollkornwraps:
120 g Weizenvollkornmehl
60 g Weizenmehl (Type 1050)
2 EL gemahlener Leinsamen
1 TL Backpulver
1 TL Meersalz
160 ml Wasser
160 ml Soja-, Reis- oder Haferdrink
1 EL Rapsöl
1 TL Apfelessig
4 TL Rapsöl zum Braten

Für die mediterrane Füllung:
1 kleine Fenchelknolle
1 reife Avocado
1 kleine Tomate
8 grüne entkernte Oliven
1 kleine Frühlingszwiebel
2 EL fein gehackte glatte Petersilie
1 EL fein gehacktes Basilikum
1 EL fein gehackter Estragon
1 EL Olivenöl
1 EL Weißweinessig
1 TL grobkörniger Senf
Meersalz
frisch gemahlener weißer Pfeffer

- Für die **Vollkornwraps** die trockenen Zutaten in einer Schüssel miteinander vermischen.
- Das Wasser mit dem Sojadrink, einem Esslöffel Rapsöl und dem Apfelessig verrühren.
- Die Flüssigkeit mit den trockenen Zutaten vermischen. So lange rühren, bis ein glatter, flüssiger Teig entsteht.

- Sollte das Vollkornmehl (weil z. B. gerade frisch gemahlen) sehr viel Flüssigkeit ziehen, noch etwas Wasser hinzufügen.
- Einen Teelöffel Rapsöl in einer (beschichteten) Pfanne erhitzen und pro Wrap etwa eine große Schöpfkelle voll Teig in die heiße Pfanne gießen.
- Mit einem Teigschaber schnell den Teig als dünne Schicht auf der heißen Fläche verteilen. Sobald der Teig stockt und auf der Unterseite etwas angebräunt ist, den Wrap umdrehen und auf der zweiten Seite ebenfalls goldbraun braten.
- Die Wraps nach dem Braten zum Abkühlen auf einem flachen Teller stapeln und mit Frischhaltefolie abdecken, damit sie nicht an Flüssigkeit verlieren und beim späteren Zusammenrollen reißen.
- Für die **Füllung** das Fenchelgrün von der Knolle abschneiden und fein hacken.
- Die Fenchelknolle vierteln und den harten Strunk großzügig herausschneiden. Danach den Fenchel fein würfeln.
- Die Avocado halbieren, den Kern entfernen und die Schale abziehen. Danach das Fruchtfleisch fein würfeln.
- Die Tomate und Oliven ebenfalls fein würfeln.
- Die Frühlingszwiebel in feine Streifen schneiden.
- Das Gemüse sowie das Fenchelgrün in eine Schüssel geben und mit den Kräutern vermischen.
- Das Olivenöl, den Weißweinessig und den Senf hinzufügen und nochmals gut vermischen.
- Die Füllung mit Salz und Pfeffer abschmecken.
- Die Füllung auf den vier abgekühlten Vollkornwraps verteilen und glatt streichen.
- Die Wraps von den Seiten her aufrollen und zum Transport dicht nebeneinander in eine Kunststoffdose legen.

☐ Tipp: Weil in diesem Rezept frische Avocado verwendet wird, empfiehlt es sich, in zwei Arbeitsschritten vorzugehen: Backen Sie die Wraps am Vorabend fertig und bereiten Sie die Füllung am Morgen zu. Die Avocado bleibt so bis zum Verzehr frisch und ansehnlich.

Viele Vitamine für unterwegs

Beim Lernen in Schule oder Uni, beim Arbeiten im Büro oder in der Werkstatt oder bei langen Autofahrten gilt es, fit zu bleiben. Vieles, was unter dem Begriff »Fast Food« zusammengefasst werden kann, macht zwar schnell satt, aber genauso schnell träge. Um in Form und belastbar zu bleiben, ist kulinarische Leichtigkeit gefragt. Salate oder kleine Köstlichkeiten aus der Gemüseküche bringen nicht nur Farbe, sondern vor allem viele Vitamine und Vitalstoffe ins Unterwegsversorgungsspiel. Knackig frische, regionale Zutaten der Saison lassen sich nach Lust und Laune entweder als kleine Beilage oder als sättigende Hauptmahlzeit zusammenmixen. An Tagen, an denen die Zeit zum Vorbereiten mehr als knapp ist, können Sie auf ein paar Anregungen aus der besonders fixen Rohkostküche zurückgreifen. Genuss kann so einfach sein!

Bunter Pastasalat

1 l Wasser
Meersalz
200 g bunte Pasta nach Wahl
1 große Frühlingszwiebel
8 in Öl eingelegte, getrocknete Tomaten
120 g gegarter Gemüsemais
3 EL Sonnenblumenkerne
frisch gemahlener weißer Pfeffer

Für das Dressing:
1 EL Zitronensaft
1 TL Balsamico bianco
2 EL Sonnenblumenöl
1 TL Olivenöl
2 EL fein gehacktes Basilikum
1 EL fein gehackte glatte Petersilie

- Das Wasser mit einem Teelöffel Meersalz zum Kochen bringen, die Pasta dazugeben und unter gelegentlichem Rühren bissfest kochen.
- Danach die Pasta in ein Sieb geben und zum Abkühlen mit reichlich kaltem Wasser abspülen.
- Die Pasta vor der Weiterverwendung gut abtropfen lassen.
- Die Frühlingszwiebel in feine Scheiben schneiden.
- Die getrockneten Tomaten fein würfeln.
- Die Frühlingszwiebel, Tomaten, den Gemüsemais und die Sonnenblumenkerne zusammen mit der abgetropften Pasta in eine Schüssel geben und gut vermischen.
- Die Zutaten für das **Dressing** miteinander verrühren und zum Salat geben.
- Alles gut vermischen und den Pastasalat herzhaft mit Salz und Pfeffer abschmecken.

□ Tipp: Ein Salat für Groß und Klein zum Sattessen.

Ciabattasalat

4 dicke Scheiben Ciabatta (etwa 100 g),
  gern auch vom Vortag
1 Frühlingszwiebel
1 große Tomate
1 große rote Paprikaschote
180 g Schlangengurke
1 – 2 EL fein gehackte Kapern
80 ml erkaltete Gemüsebrühe
1 – 2 EL Olivenöl
1 EL Aceto Balsamico
3 – 4 EL fein gehacktes Basilikum
Meersalz
frisch gemahlener schwarzer Pfeffer

- Die Ciabattascheiben mundgerecht würfeln.
- Die Frühlingszwiebel in feine Scheiben schneiden.
- Die Tomate, die Paprika und die Gurke würfeln.
- Das Brot, Gemüse und die Kapern in eine Schüssel geben.
- Die Gemüsebrühe mit dem Olivenöl, dem Balsamessig und Basilikum zu einem Dressing verrühren. Herzhaft mit Salz und Pfeffer würzen.
- Das Dressing über den Salat geben und gut vermischen.

Friséesalat mit Toastcroûtons

1 halber Kopf Friséesalat
1 Knoblauchzehe
2 Scheiben Vollkorntoast
1 TL grobkörniger Senf
2 EL Rotweinessig
2 EL Wasser
1 TL Roh-Rohrzucker
Meersalz
frisch gemahlener schwarzer Pfeffer
4 – 5 EL Olivenöl

- Den Salat waschen, putzen und trockenschleudern.
- Die Knoblauchzehe schälen und halbieren.
- Die Toastscheiben im Toaster oder Backofen kross rösten und mit der Knoblauchzehe kurz abreiben. Danach die Toastscheiben würfeln.
- Für das Dressing den Senf mit dem Essig, Wasser, Zucker, Salz und Pfeffer verrühren. So lange rühren, bis der Zucker sich aufgelöst hat. Danach das Öl dazugeben.
- Den Salat, die Knoblauchcroûtons und das Dressing in jeweils getrennten Behältern mitnehmen.
- Das Dressing und die Croûtons kurz vor dem Verzehr untermischen.

Fruchtiger Karottensalat

400 g Karotten
1 unbehandelte Orange
1 Knoblauchzehe (nach Wahl)
½ TL Meersalz
2 MSP gemahlener Kreuzkümmel
2 – 3 EL Olivenöl
1 EL Sherry-Essig
3 EL fein gehackte glatte Petersilie
½ TL mildes Paprikapulver
Meersalz
frisch gemahlener weißer Pfeffer
4 EL Pinienkerne

- Die Karotten schälen und in etwa einen Zentimeter breite Scheiben schneiden.
- Von der Orange einen halben Teelöffel Schale abreiben, danach die gesamte Orange auspressen.
- Die Karotten zusammen mit dem Orangensaft, der abgeriebenen Orangenschale und der geschälten und halbierten Knoblauchzehe in einen kleinen Topf geben.
- Das Salz und den Kreuzkümmel unterrühren.
- Die Karotten unter gelegentlichem Rühren bissfest garen, dann in eine Schüssel füllen und abkühlen lassen.
- Die Knoblauchzehe entfernen.
- Das Olivenöl mit dem Sherry-Essig, der Petersilie und dem Paprikapulver zu einem Dressing verrühren. Mit Salz und Pfeffer abschmecken.
- Das Dressing über den Salat gießen und gut verrühren.
- Die Pinienkerne in der trockenen Pfanne kurz anrösten, in einem separaten Behälter mitnehmen und erst kurz vor dem Verzehr unterrühren.

Gebackene Kürbisspalten

½ Hokkaidokürbis
3 – 4 EL Rapsöl
1 EL Ahornsirup
1 EL Aceto Balsamico
1 TL Garam Masala (indische Gewürzmischung)
1 – 2 MSP Chilipulver
Meersalz

- Den Kürbis in Spalten schneiden.
- Das Rapsöl mit dem Ahornsirup, Aceto Balsamico, Garam Masala und dem Chilipulver verrühren.
- Die Kürbisspalten beidseitig damit bestreichen.
- Die Kürbisspalten auf ein mit Backpapier ausgelegtes Backblech geben und mit etwas Meersalz überstreuen.
- Im Backofen bei 200 °C etwa 30 Minuten backen.

☐ Tipp: Mit der Petersiliencreme (siehe Seite 44) oder den Kartoffel-Karotten-Puffern (siehe Seite 84) kombinieren.

Gefüllte Minipaprika

200 g Minipaprika (6 – 7 Stück)
50 g geröstetes Kichererbsenmehl
2 EL gemahlene und blanchierte Mandeln
2 EL Hefeflocken
5 EL Wasser
2 EL Olivenöl
1 ½ EL Weißweinessig
1 TL weißes Sesammus (Tahin)
1 kleine Schalotte
10 grüne entkernte Oliven
1 TL fein gehackter Thymian
1 TL fein gehackter Oregano
Meersalz
frisch gemahlener weißer Pfeffer

- Von den Minipaprika die Stielansätze mit einem scharfen Messer herausschneiden und die Kerne und Fasern auskratzen.
- Das Kichererbsenmehl mit den gemahlenen Mandeln und Hefeflocken vermischen.
- Das Wasser, Olivenöl, den Weißweinessig und das Tahin hinzufügen und alles gut miteinander verrühren, sodass eine glatte Creme entsteht.
- Die geschälte Schalotte und die Oliven fein würfeln und zusammen mit dem Thymian und Oregano unter die Creme rühren.
- Die Creme herzhaft mit Salz und Pfeffer abschmecken und die Minipaprika damit füllen.

Marinierte Champignons

300 g kleine weiße Champignons
½ Zwiebel
1 kleine Knoblauchzehe (nach Wahl)
2 EL Olivenöl
100 ml trockener Weißwein
* ersatzweise ungesüßter Apfelsaft und 1 TL Weißweinessig*
Meersalz
frisch gemahlener schwarzer Pfeffer
2 EL fein gehackte krause Petersilie
1 EL fein gehackter Schnittlauch

- Die Champignons mit Küchenkrepp säubern und die Stiele etwas ein-kürzen.
- Die Zwiebel und die Knoblauchzehe schälen, fein hacken und im heißen Olivenöl anschwitzen.
- Die Champignons zur Zwiebel geben und ebenfalls kurz anschwitzen.
- Mit dem Weißwein ablöschen und so lange köcheln, bis die Champignons bissfest gegart sind.
- Mit Salz und Pfeffer abschmecken.
- Nach dem Abkühlen die Kräuter unterrühren.

Melone mit würzigen Kernen

½ Honig-, Galia- oder Netzmelone
2 EL Olivenöl
70 g gemischte Kerne
  (z. B. Sonnenblumen-, Pinien-, Kürbiskerne)
3 EL fein gehackte krause Petersilie
2 EL Hefeflocken
Meersalz
frisch gemahlene Chiliflocken
3 EL Mandelblättchen

- Die Melone in dünne Spalten schneiden.
- Die Schale entfernen und die Melonenspalten in zwei Portionen auf-
  teilen.
- Das Olivenöl in der Pfanne erhitzen und die Kerne darin unter häufi-
  gem Rühren kurz anrösten.
- Die Petersilie sowie die Hefeflocken unterrühren und die Kerne mit
  Salz und Chiliflocken abschmecken.
- Die Kerne über die Melone geben.
- Mit den Mandelblättchen überstreuen.

Mexikanischer Kartoffelsalat

500 g kleine und etwa gleich große Kartoffeln
  (vorzugsweise »Drillinge«)
Meersalz
1 Frühlingszwiebel
4 Radieschen
50 g grüne entkernte Oliven
½ rote Chilischote

Für das Dressing:
1 – 2 EL Limettensaft
1 EL grobkörniger Senf
2 – 3 EL Olivenöl
½ TL Roh-Rohrzucker
2 EL fein gehackte glatte Petersilie
1 EL fein gehackter Schnittlauch
Meersalz

- Die Kartoffeln unter fließendem Wasser abbürsten (nicht schälen!), dann in reichlich Salzwasser mit der Schale weich kochen.
- Das Wasser abgießen und die Kartoffeln auskühlen lassen.
- Die Frühlingszwiebel und die Radieschen in feine Scheiben schneiden.
- Die Oliven halbieren, die Chilischote fein hacken.
- Alles zusammen mit den Kartoffeln in eine Schüssel geben.
- Für das **Dressing** den Limettensaft mit dem Senf, Olivenöl und Zucker verrühren. So lange rühren, bis sich der Zucker komplett aufgelöst hat.
- Die Petersilie und den Schnittlauch dazugeben und das Dressing mit Salz abschmecken.
- Das Dressing mit den Kartoffeln vermischen.
- Falls nötig, noch mit etwas Salz würzen.

□ Tipp: Falls Kinder mitessen, verwenden Sie etwas weniger Chilischote oder würzen Sie stattdessen mit mildem Paprikapulver.

Paellasalat mit Safran

140 g Naturreis
1 TL Meersalz
etwa 480 ml Wasser
3 MSP gemahlener Safran oder Safranfäden
1 EL heißes Wasser
1 Frühlingszwiebel
1 grüne Paprikaschote
1 mittelgroße Tomate
150 g gekochte Kichererbsen
2 – 3 EL Olivenöl
1 EL Weißweinessig
1 geschälte und durchgepresste Knoblauchzehe (nach Wahl)
3 EL fein gehackte glatte Petersilie
3 MSP scharfes Paprikapulver
Meersalz
frisch gemahlener schwarzer Pfeffer

- Den Naturreis zusammen mit dem Salz und Wasser in einen Topf geben und zum Kochen bringen.
- Die Temperatur reduzieren und den Reis bei niedriger Temperatur unter gelegentlichem Rühren bissfest garen.
- Den Safran im heißen Wasser zwei bis drei Minuten einweichen lassen. Dann den Safran und das Wasser unter den noch heißen Reis ziehen.
- Den Reis abkühlen lassen.
- Die Frühlingszwiebel in feine Scheiben schneiden.
- Die Paprika und die Tomate fein würfeln.
- Die Frühlingszwiebel, Paprika und Tomate zusammen mit den Kichererbsen zum Reis geben.
- Das Olivenöl mit dem Weißweinessig, der Knoblauchzehe, Petersilie und dem Paprikapulver zu einem Dressing verrühren.
- Das Dressing zum Salat geben und alles gut vermischen.
- Den Salat mit Salz und Pfeffer abschmecken.

Pfannenpaprika mit Mandeln

2 Frühlingszwiebeln
3 große rote Paprikaschoten
1 kleine Knoblauchzehe
2 – 3 EL Olivenöl
1 EL Aceto Balsamico
4 EL gehackte Mandeln
1 TL fein gehackter Oregano
½ TL fein gehackter Thymian
½ TL fein gehackter Rosmarin
Meersalz
frisch gemahlene Chiliflocken

- Die Frühlingszwiebeln in Scheiben, die Paprika in Streifen schneiden.
- Die Knoblauchzehe schälen und fein hacken.
- Die Frühlingszwiebeln und den Knoblauch im heißen Öl anschwitzen.
- Danach die Paprika hinzufügen und unter gelegentlichem Rühren bissfest schmoren.
- Den Aceto Balsamico, die Mandeln und die Kräuter unterrühren.
- Das Gemüse weitere drei bis vier Minuten schmoren, dann mit Salz und Chiliflocken abschmecken.

Provenzalische Kartoffelspalten

4 mittelgroße Kartoffeln
2 – 3 EL Olivenöl
2 EL Hefeflocken
1 EL grobkörniger Senf
1 geschälte und durchgepresste Knoblauchzehe
1 TL mildes Paprikapulver
1 TL getrocknete Kräuter der Provence
Meersalz
frisch gemahlener schwarzer Pfeffer

- Die Kartoffeln unter fließendem Wasser abbürsten (nicht schälen!).
- Danach mit Küchenkrepp trocknen und in etwa gleich große Spalten schneiden.
- Das Olivenöl mit den Hefeflocken, dem Senf, Knoblauch, Paprikapulver und den Kräutern der Provence zu einer Marinade verrühren.
- Die Kartoffelspalten mit der Marinade verrühren. Darauf achten, dass alle Kartoffelspalten mit der Marinade überzogen sind.
- Mit Salz und Pfeffer würzen.
- Die Kartoffelspalten eine Viertelstunde ziehen lassen.
- Danach auf ein mit Backpapier ausgelegtes Backblech geben und im Backofen bei 200 °C etwa 30 Minuten backen, bis die Kartoffelspalten schön knusprig sind.

□ Tipp: Kombinieren Sie die Kartoffelspalten mit dem Pinienkerndip (siehe Seite 45) oder der Zucchinicreme (siehe Seite 49).

Radicchio-Kakifrucht-Salat

1 Kopf Radicchio
1 Kakifrucht
60 g Haselnüsse

Für das Dressing:
1 Schalotte
2 EL Ahornsirup
2 EL Sojasauce oder 2 EL Tomatenketchup und 1 TL Hefeflocken
2 EL Sherry-Essig
2 EL Rapsöl
2 EL Wasser
2 EL fein gehackte krause Petersilie
1 TL mildes Currypulver
2 – 3 MSP scharfes Paprikapulver

Meersalz
frisch gemahlener schwarzer Pfeffer

- Den Radicchio waschen, trockenschleudern und in mundgerechte Stücke zerpflücken.
- Die Kakifrucht vierteln und die Samenstränge entfernen. Dann ebenfalls in mundgerechte Stücke schneiden.
- Die Haselnüsse grob hacken und mit dem Radicchio und der Kakifrucht vermischen.
- Für das **Dressing** die Schalotte schälen und fein hacken.
- Die Schalotte mit den restlichen Zutaten für das Dressing verrühren.
- Das Dressing mit Salz und Pfeffer würzen.
- Den Salat und das Dressing in getrennten Behältern mitnehmen und erst kurz vor dem Verzehr miteinander vermischen.

- Tipp: Falls Sie auf Soja allergisch reagieren, ersetzten Sie die Sojasauce durch Tomatenketchup und Hefeflocken.

Reisnudelsalat mit Cashewkernen

125 g asiatische Reisnudeln
1 l kochend heißes Wasser
4 weiße Champignons
4 Radieschen
1 Frühlingszwiebel
1 gelbe Paprikaschote
50 g geröstete und gesalzene Cashewkerne

Für das Dressing:
2 – 3 EL Erdnusscreme
2 EL kochend heißes Wasser
2 EL Zitronensaft
1 ½ EL Sojasauce oder 2 EL kräftige Gemüsebrühe
1 EL Ketjap Manis (süße Sojasauce) oder 1 TL Ahornsirup
2 EL fein gehackter Schnittlauch
2 EL fein gehackte krause Petersilie

frisch gemahlene Chiliflocken
Meersalz

- Die Reisnudeln mit dem kochend heißen Wasser übergießen und drei bis fünf Minuten darin ziehen lassen.
- Danach das Wasser abgießen und die Nudeln abkühlen lassen.
- Die Nudeln in mundgerechte Stücke schneiden.
- Die Champignons, Radieschen und Frühlingszwiebel in feine Scheiben schneiden.
- Die Paprika fein würfeln.
- Die Cashewkerne grob hacken.
- Das Gemüse und die Cashewkerne mit den Reisnudeln vermischen.
- Für das **Dressing** die Erdnusscreme mit dem heißen Wasser glatt rühren.
- Den Zitronensaft, die Sojasauce, Ketjap Manis und die Kräuter hinzufügen und gründlich verrühren.

- Das Dressing zum Salat geben und alles gut vermischen.
- Den Salat mit Chiliflocken und, falls gewünscht, mit noch etwas Salz abschmecken.

□ Tipp: Falls Sie auf Soja allergisch reagieren, ersetzen Sie die Sojasauce, wie im Rezept angegeben, durch Gemüsebrühe und Ahornsirup.

Reisblätterpäckchen mit italienischer Füllung

Für die Füllung:
1 Frühlingszwiebel
1 Knoblauchzehe (nach Wahl)
1 Tomate
100 g Tofu (natur) oder 100 g sehr fein gewürfelte Zucchini
4 grüne entkernte Oliven
2 EL Tomatenmark
1 EL Aceto Balsamico
2 EL fein gehacktes Basilikum
Meersalz
frisch gemahlener schwarzer Pfeffer

4 Blätter Reispapier

- Für die **Füllung,** die am Vorabend zubereitet werden kann, die Frühlingszwiebel in feine Scheiben schneiden, den Knoblauch schälen und sehr fein hacken.
- Die Tomate fein würfeln.
- Den Tofu entweder mit den Fingerspitzen oder den Zinken einer Gabel fein zerkrümeln.
- Die Oliven in feine Scheiben schneiden.
- Alles in eine Schüssel geben und mit dem Tomatenmark, Aceto Balsamico und Basilikum verrühren.
- Die Füllung mit Salz und Pfeffer abschmecken.
- Am Morgen des Verzehrtages für die Reispapierblätter eine große, flache Schüssel oder eine Tarteform mit warmem Wasser bereitstellen.
- Jeweils ein Reispapier vorsichtig in das Wasser gleiten und gut eine Minute darin ziehen lassen, bis es eine milchige Farbe annimmt und sich biegen lässt.
- Das Reispapier vorsichtig aus dem Wasser nehmen und etwas abtropfen lassen.
- Dann das Reispapier auf ein auf der Arbeitsfläche ausgebreitetes Geschirrtuch legen und behutsam alle Falten ausstreichen.

- Ein Viertel der Füllung auf der Mitte des Reispapiers verteilen, dabei oben und unten einen etwa zwei Zentimeter breiten Rand aussparen.
- Die obere und untere Seite horizontal zur Mitte hin überschlagen.
- Danach die rechte Seite zur Mitte hin vertikal überschlagen.
- Nun das Päckchen vorsichtig zur linken Seite hin aufrollen und in einem verschließbaren Behälter aufbewahren.
- Drei weitere Päckchen wie beschrieben füllen.

- Tipp: Wenn Sie im Umgang mit Reispapier noch etwas ungeübt sind und das Papier bei Ihnen schnell einreißt, verwenden Sie einfach statt einem Blatt zwei übereinandergelegte Blätter Reispapier. So erhalten Sie mit wenig Aufwand mehr Stabilität, ohne dass der Geschmack darunter leidet.

Reisblätterpäckchen mit bayerischer Füllung

Für die Füllung:
150 g Schlangengurke
150 g weißer Rettich
3 EL Sonnenblumenkerne
1 EL fein gehackte krause Petersilie
1 EL fein gehackter Schnittlauch
1 EL Weißweinessig
½ – 1 EL Tafelmeerrettich
Meersalz

4 Blätter Reispapier

- Für die **Füllung,** die am Vorabend zubereitet werden kann, die Gurke und den Rettich schälen und jeweils fein würfeln.
- Zusammen mit den Sonnenblumenkernen, der Petersilie und dem Schnittlauch in eine kleine Schüssel geben.
- Den Weißweinessig und den Tafelmeerrettich unterrühren.
- Die Füllung mit Salz abschmecken.
- Am Morgen des Verzehrtages für die Reispapierblätter eine große, flache Schüssel oder eine Tarteform mit warmem Wasser bereitstellen.
- Jeweils ein Reispapier vorsichtig in das Wasser gleiten und gut eine Minute darin ziehen lassen, bis es eine milchige Farbe annimmt und sich biegen lässt.
- Das Reispapier vorsichtig aus dem Wasser nehmen und etwas abtropfen lassen.
- Dann das Reispapier auf ein auf der Arbeitsfläche ausgebreitetes Geschirrtuch legen und behutsam alle Falten ausstreichen.
- Ein Viertel der Füllung auf der Mitte des Reispapiers verteilen, dabei oben und unten einen etwa zwei Zentimeter breiten Rand aussparen.
- Die obere und untere Seite horizontal zur Mitte hin überschlagen.
- Danach die rechte Seite zur Mitte hin vertikal überschlagen. Nun das Päckchen vorsichtig zur linken Seite hin aufrollen.

Bunte Rohkoststicks

Eine bunte, saisonale Auswahl aus zum Beispiel:
Fenchel
Karotten
Kohlrabi
Knollensellerie
Paprikaschoten
Pastinaken
Rettich
Schlangengurke
Staudensellerie
Wurzelpetersilie
Zucchini

- Das Gemüse in dünne Stifte oder Sticks schneiden und bis zum Verzehr in einem verschließbaren Behälter kühl lagern.
- Pro Person rechnet man in etwa 175 – 200 Gramm Rohkost.
- Dazu verschiedene Dips wie zum Beispiel den Bohnendip mit Chili (siehe Seite 37), den Pinienkerndip (siehe Seite 45) oder den Tahin-Kräuter-Dip (siehe Seite 47) servieren.

☐ Tipp: Falls Sie Rohkost nicht vertragen, empfiehlt es sich, das in Stifte geschnittene Gemüse kurz zu blanchieren.

Radieschen auf französische Art

1 großes Bund Radieschen
grobes Meersalz (in einem separaten Behälter mitführen)

- Die Radieschen putzen, dabei die Wurzelfäden abschneiden und das Blattgrün bis auf die letzten zwei Zentimeter einkürzen.
- Die Spitzen der Radieschen mit einem scharfen Messer kreuzförmig einschneiden.
- Zum Verzehr die Radieschen am verbleibenden Blattgrün greifen und mit der aufgeschnittenen Spitze kurz in das Meersalz tunken.
- Nach Art der Franzosen mit frischem, knusprigem Baguette genießen.

Roter Rettich auf badische Art

2 große rote Rettiche
feines Meersalz

- Die roten Rettiche unter fließendem Wasser kräftig abbürsten, mit Küchenkrepp trockentupfen und die Wurzelhärchen abschneiden oder abkratzen.
- Den Rettich auf ein Schneidbrett legen und vom unteren Wurzelende bis etwa einen Fingerbreit unter das obere Krautende in parallelen, leicht schräg gestellten Schnitten dünn einschneiden. Darauf achten, dass man den Rettich nicht komplett durchschneidet, weil er dann auseinanderfällt. Die Scheiben einzeln aufblättern und dazwischen salzen.
- In Frischhaltefolie einschlagen und mindestens eine Stunde ziehen lassen, wodurch der Rettich sehr mild wird.
- Mit Bauernbrot verzehren.

Weißer Rettich auf bayerische Art

1 weißer Rettich
feines Meersalz

- Den Rettich schälen und mit einem Rettichschneider oder Messer spiralförmig einschneiden. Danach vorsichtig wie den Balg einer Ziehharmonika auseinanderziehen.
- Mit etwas Salz würzen und mit Laugenbrezeln genießen.

□ Tipp: Je länger Sie den gesalzenen Rettich ziehen lassen, desto milder wird er.

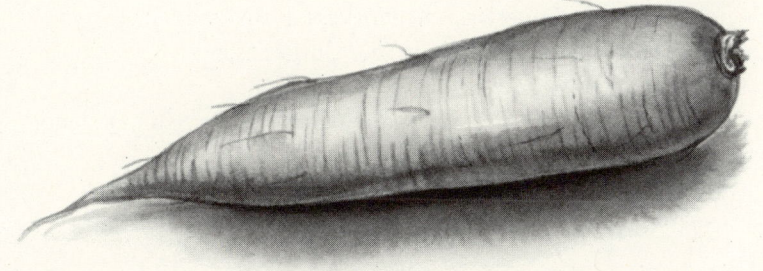

Rohkost-Wirsing-Wraps

4 mittelgroße Wirsingblätter
1 l kochendes Wasser
etwa 2 l Eiswasser

Für die Füllung:
1 kleine Karotte
120 g Schlangengurke
1 kleine rote Paprikaschote
3 EL Sonnenblumenkerne
1 EL grobkörniger Senf
1 EL Dijonsenf oder mittelscharfer Senf
2 EL Olivenöl
1 EL Weißweinessig
2 – 3 EL fein gehackte krause Petersilie
Meersalz
frisch gemahlener schwarzer Pfeffer
4 Zahnstocher

- Von den Wirsingblättern an den Blattansätzen die harten, dicken Strünke keilförmig herausschneiden.
- Jedes Wirsingblatt einzeln für etwa drei Minuten in das kochende Wasser tauchen und blanchieren.
- Danach sofort in das Eiswasser geben und abkühlen lassen.
- Die Wirsingblätter vor der Weiterverwendung gut abtropfen lassen oder, falls nötig, mit etwas Küchenkrepp trockentupfen.
- Für die **Füllung** die Karotte und die Gurke raspeln.
- Die Paprika fein würfeln.
- Das Gemüse mit den Sonnenblumenkernen, dem Senf, Olivenöl, Essig und der Petersilie vermischen.
- Die Füllung herzhaft mit Salz und Pfeffer abschmecken.
- Die Füllung in der Mitte der Wirsingblätter verteilen und glatt streichen.
- Jeweils die beiden Ränder des Wirsingblattes zur Mitte hin überschlagen und den Wrap mit einem Zahnstocher sichern.

Rote-Bete-Tatar

1 Schalotte
5 Cornichons
1 gekochte Rote Bete
60 g Räuchertofu oder 60 g geraspelte Karotte
2 EL fein gehackte krause Petersilie
1 – 2 EL milder Senf
1 EL Sonnenblumenöl
1 TL Weißweinessig
1 TL Ahornsirup
Meersalz
frisch gemahlener schwarzer Pfeffer

- Die Schalotte schälen und fein hacken, die Cornichons fein würfeln.
- Die Rote Bete raspeln.
- Den Räuchertofu sehr fein würfeln.
- Die Schalotte, Cornichons, Rote Bete und den Räuchertofu in eine Schüssel geben und mit der Petersilie vermischen.
- Den Senf, das Sonnenblumenöl, den Essig und Ahornsirup unterrühren.
- Den Rote-Bete-Tatar mit Salz und Pfeffer abschmecken.

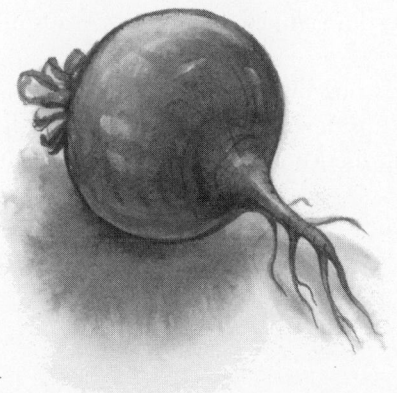

Taboulé – Libanesischer Couscoussalat

500 ml Wasser
½ – 1 TL Meersalz
200 g Instantcouscous
2 EL Zitronensaft
3 EL Olivenöl
1 Schalotte
1 Knoblauchzehe
1 kleine rote Paprikaschote
100 g Schlangengurke
4 EL Rosinen
4 EL fein gehackte glatte Petersilie
1 EL fein gehackte Minze
frisch gemahlener schwarzer Pfeffer

- Das Wasser mit dem Salz zum Kochen bringen.
- Den Couscous unter Rühren einrieseln und einmal kurz aufkochen lassen.
- Den Topf vom Herd nehmen und den Couscous in etwa zehn Minuten mit geschlossenem Deckel ausquellen lassen.
- Den Zitronensaft und das Olivenöl unterrühren und den Couscous abkühlen lassen.
- Die Schalotte und den Knoblauch schälen und fein hacken.
- Die Paprika und die Schlangengurke fein würfeln.
- Die Rosinen kurz unter fließendem Wasser abspülen und abtropfen lassen.
- Den abgekühlten Couscous mit einer Gabel etwas auflockern und das Gemüse und die Rosinen unterrühren.
- Die Petersilie und die Minze hinzufügen und das Taboulé mit Pfeffer abschmecken.

Genuss am Spieß

Kleine, bunt gemischte Spieße sind nicht nur optisch schön anzusehen, sondern erfreuen durch die fantasievolle Zusammenstellung ihrer Zutaten auch den Gaumen. Da Spieße das Fingerfood schlechthin sind, bieten sie eine ideale Möglichkeit, Kindern Obst und Gemüse schmackhaft zu machen. Für eine vollwertige kleine Mahlzeit lassen sie sich mit einem Dip und Snack oder auch einem Salat kombinieren. Viele der hier vorgestellten aufgespießten Leckereien kommen ohne ein Dressing oder eine Marinade aus. Bei den Spießen, die erst durch ein wenig Marinade ihren vollen Geschmack entfalten, empfiehlt es sich, vor dem Verzehr die Marinade kurz abzuschütteln oder abzuklopfen, sodass die Spieße ohne Kleckern genossen werden können.

Dattel-Trauben-Spieße

8 getrocknete Datteln
etwa 120 g Mandel-Nuss-Tofu
8 rote Trauben
8 Walnusshälften
8 Zahnstocher
frisch gemahlener schwarzer Pfeffer

- Die Datteln vorsichtig entkernen.
- Den Mandel-Nuss-Tofu in acht etwa gleich große Würfel schneiden.
- Die Datteln, Tofuwürfel, Trauben und Walnüsse abwechselnd auf die Zahnstocher spießen.
- Mit etwas Pfeffer überstreuen.

☐ Tipp: Die Walnusshälften lassen sich am besten aufspießen, wenn die Nüsse noch relativ frisch sind oder die Walnusskerne im Kühlschrank aufbewahrt wurden.

Fenchel-Mandarinen-Spieße mit Ingwermarinade

1 große Fenchelknolle
3 Mandarinen
4 Holzspieße

Für die Marinade:
1 walnussgroßes Stück Ingwer
2 EL Olivenöl
1 EL Sherry-Essig
1 TL Ahornsirup
Meersalz
frisch gemahlener weißer Pfeffer

- Von der Fenchelknolle das Fenchelgrün abschneiden und anderweitig verwenden (z. B. als Zugabe zum Ciabattasalat, siehe Seite 92, oder zum fruchtigen Karottensalat, siehe Seite 94).
- Die Fenchelknolle vierteln und den harten Strunk großzügig heraus- schneiden.
- Die einzelnen Fenchelschichten voneinander lösen und in mundge- rechte Stücke schneiden.
- Die Mandarinen schälen und die Mandarinenspalten voneinander lösen.
- Die Fenchelstücke und Mandarinenspalten abwechselnd auf die Holz- spieße spießen.
- Für die **Marinade** den Ingwer schälen und durch die Knoblauchpresse drücken.
- Mit dem Olivenöl, Sherry-Essig und Ahornsirup verrühren und mit Salz und Pfeffer abschmecken.
- Die Fenchel-Mandarinen-Spieße mit der Ingwermarinade bestreichen.

Frühlingsgemüsespieße mit Zitronenmarinade

Für die Marinade:
Saft einer halben, kleinen Zitrone
2 – 3 MSP abgeriebene Zitronenschale
1 EL Olivenöl
Meersalz
frisch gemahlener weißer Pfeffer

8 kleine braune Champignons
12 Radieschen
70 – 80 g Staudensellerie
4 Holzspieße

- Für die **Marinade** den Zitronensaft mit der Zitronenschale und dem Olivenöl verrühren.
- Mit Salz und Pfeffer würzen.
- Die Champignons mit feuchtem Küchenkrepp säubern und die Stiele einkürzen.
- Die Radieschen putzen.
- Den Staudensellerie mundgerecht würfeln.
- Das Gemüse abwechselnd auf die Holzspieße stecken und danach mit der Marinade bestreichen.

Gebratene Brotspieße

3 – 5 EL Olivenöl
2 Scheiben Mischbrot
Kräutersalz
frisch gemahlener schwarzer Pfeffer
2 Scheiben Vollkorntoast
1 große rote Paprikaschote
1 Zwiebel
1 TL Rotweinessig
½ TL fein gehackter Thymian
4 Holzspieße

- Ein bis zwei Esslöffel Olivenöl in der Pfanne heiß werden lassen und die beiden Scheiben Mischbrot darin von beiden Seiten kross braten.
- Mit Kräutersalz und Pfeffer würzen und aus der Pfanne nehmen.
- Weitere ein bis zwei Esslöffel Olivenöl heiß werden lassen und die Toastscheiben darin von beiden Seiten kross braten. Ebenfalls mit Salz und Pfeffer würzen und aus der Pfanne nehmen.
- Die Paprika mundgerecht würfeln, die Zwiebel schälen und in Viertel schneiden.
- Einen weiteren Esslöffel Olivenöl in die Pfanne geben und das Gemüse darin bissfest garen.
- Den Essig unterrühren. Mit Salz und Pfeffer sowie dem Thymian würzen.
- Das Gemüse etwas abkühlen lassen, dann die einzelnen Zwiebelschichten von den Vierteln zupfen.
- Das gebratene Brot mundgerecht würfeln und abwechselnd mit dem Gemüse und den Zwiebelstücken auf die Holzspieße stecken.

Glasierte Babykarotten-Oliven-Spieße

250 g geschälte Babykarotten (etwa 24 Stück)
1 – 2 EL Olivenöl
100 ml Gemüsebrühe
1 EL Roh-Rohrzucker
1 EL Aceto Balsamico
Meersalz
frisch gemahlener weißer Pfeffer
1 EL fein gehacktes Basilikum
20 grüne entkernte Oliven
4 Holzspieße

- Die Babykarotten kurz im heißen Öl anbraten.
- Dann die Gemüsebrühe hinzufügen und die Babykarotten unter gelegentlichem Rühren bissfest garen.
- Den Zucker und den Aceto Balsamico hinzufügen und so lange rühren, bis der Zucker sich komplett aufgelöst hat und die Karotten mit einer glänzenden Schicht überzogen sind.
- Mit Salz und Pfeffer würzen.
- Das Basilikum hinzufügen und kurz vermischen.
- Die Babykarotten abkühlen lassen.
- Jeweils sechs Babykarotten und fünf Oliven abwechselnd auf einen Holzspieß stecken.

□ Tipp: Falls Sie keine Oliven mögen, können Sie diese durch die entsprechende Anzahl an Ananasstücken ersetzen.

Herzhafte Kartoffelspieße

12 kleine Kartoffeln (am besten »Drillinge«)
Meersalz
½ Zwiebel
8 Cornichons
4 Holzspieße
Rapsöl
frisch gemahlener schwarzer Pfeffer

- Die Kartoffeln unter fließendem Wasser abbürsten (nicht schälen!). Danach in Salzwasser garen. Darauf achten, dass sie nicht zu weich werden.
- Das Wasser abgießen und die Kartoffeln etwas abkühlen lassen.
- Die Zwiebelhälfte schälen, teilen und die einzelnen Schichten voneinander trennen.
- Nun auf jeden Holzspieß abwechselnd drei Kartoffeln, zwei Cornichons und die Zwiebelschichten spießen.
- Die Spieße kurz im heißen Rapsöl braten, bis die Kartoffeln leicht angebräunt sind.
- Mit Salz und Pfeffer würzen.

☐ Tipp: Kombinieren Sie die Spieße mit Pinienkerndip (siehe Seite 45).

Melonen-Räuchertofu-Spieße

220 g Fruchtfleisch einer Honig-, Galia-
     oder Netzmelone (etwa 4 Spalten)
125 g Räuchertofu
4 Holzspieße
1 EL Olivenöl
1 TL Balsamico bianco
3 MSP frisch gemahlene Chiliflocken
3 MSP Meersalz

- Das Fruchtfleisch der Melone sowie den Räuchertofu in mundgerechte Stücke schneiden.
- Melonenstücke und Tofu abwechselnd auf die Spieße stecken.
- Das Olivenöl mit dem Balsamessig, den Chiliflocken und dem Salz verrühren.
- Die Spieße damit bestreichen und im Kühlschrank mindestens 30 Minuten ziehen lassen.

Minipaprika-Tomaten-Spieße

4 Minipaprika
120 g Basilikumtofu oder 120 g Zucchini
8 Kirschtomaten
4 Holzspieße
2 EL Basilikumöl oder Olivenöl zum Braten
Meersalz
frisch gemahlener schwarzer Pfeffer
1 EL fein gehacktes Basilikum

- Von den Minipaprika die Stielansätze mit einem scharfen Messer herausschneiden und die Kerne und Fasern auskratzen.
- Den Basilikumtofu oder die Zucchini in acht etwa gleich große Würfel schneiden.
- Jeweils einen Minipaprika der Länge nach sowie zwei Tofu- oder Zucchiniwürfel und zwei Kirschtomaten auf einen Spieß stecken.
- Die Paprikaspieße in heißem Basilikumöl braten, dann mit Salz und Pfeffer würzen.
- Mit dem Basilikum überstreuen.

□ Tipp: Zucchiniwürfel sind eine gute Alternative zum Basilikumtofu, falls Sie auf Sojaprodukte allergisch reagieren.

Provenzalische Spieße

1 rote Paprikaschote
½ mittelgroßer Zucchino
½ Zwiebel
8 Kirschtomaten
8 schwarze entkernte Oliven
4 Holzspieße
1 Knoblauchzehe
3 – 4 EL Olivenöl
3 – 4 MSP getrocknete Kräuter der Provence
Meersalz
frisch gemahlener schwarzer Pfeffer

- Die Paprika und den Zucchino in mundgerechte Stücke schneiden.
- Die Zwiebelhälfte schälen, teilen und die einzelnen Schichten vonein-
  ander trennen.
- Das Gemüse und die Oliven auf vier Holzspieße verteilen.
- Die Knoblauchzehe schälen, halbieren und eine Pfanne kräftig damit
  ausreiben.
- Das Olivenöl in der Pfanne erhitzen und die Spieße hineingeben.
- Mit den Kräutern der Provence überstreuen.
- Die Spieße so lange braten, bis das Gemüse bissfest gegart ist. Dabei des
  Öfteren vorsichtig wenden.
- Die Spieße mit Salz und Pfeffer würzen.

- Tipp: Genießen Sie die Spieße mit Baguette und Basilikum-Zitronen-
  Creme (siehe Seite 36).

Rote Tofuspieße

1 Knoblauchzehe
1 rote Paprikaschote
200 g Tomaten-Paprika-Tofu
8 Kirschtomaten
4 Holzspieße
2 – 3 EL Olivenöl
Meersalz
frisch gemahlener schwarzer Pfeffer

- Die Knoblauchzehe schälen, halbieren und eine Pfanne damit kräftig ausreiben.
- Die Paprika und den Tofu in mundgerechte Würfel schneiden.
- Den Tofu, die Kirschtomaten und die Paprika abwechselnd auf die Spieße stecken.
- Die Spieße in der Pfanne in heißem Olivenöl von jeder Seite kräftig braten.
- Mit Salz und Pfeffer würzen.

☐ Tipp: Manche Sorten Tomaten-Paprika-Tofu haben die leidige Tendenz, beim Aufspießen leicht auseinanderzufallen. Dieses Problem können Sie umgehen, indem Sie den Tomaten-Paprika-Tofu in der Tiefkühltruhe tiefgefrieren und vor dem Zerschneiden und Aufspießen leicht antauen lassen. Die Garzeit der Spieße verlängert sich dadurch um etwa ein Drittel.

Sesam-Aprikosen-Spieße

8 Softaprikosen
3 EL Apfelsaft
1 EL Olivenöl
8 große Salbeiblätter
1 – 2 MSP Meersalz
120 g Mandel-Sesam-Tofu
8 Zahnstocher
1 EL geschälte Sesamsamen
mildes Paprikapulver

- Die Softaprikosen mit dem Apfelsaft übergießen und 30 Minuten darin ziehen lassen. Danach gut abtropfen lassen.
- Das Olivenöl in einer kleinen Pfanne erhitzen und die Salbeiblätter mit etwas Salz darin kurz schwenken. Darauf achten, dass die Salbeiblätter nicht kross werden.
- Den Mandel-Sesam-Tofu in acht etwa gleich große Würfel schneiden.
- Zum Zusammensetzen der Spieße auf jeden Tofuwürfel eine Aprikose legen, darauf ein Salbeiblatt geben und das Ganze mit einem Zahnstocher fixieren.
- Mit dem Sesamsamen und etwas Paprikapulver überstreuen.

Tomaten-Oliven-Spieße

8 in Öl eingelegte, getrocknete Tomaten
120 g Basilikumtofu
8 Blätter Basilikum
8 schwarze entkernte Oliven
8 grüne entkernte Oliven
8 Zahnstocher
frisch gemahlener schwarzer Pfeffer

- Die in Öl eingelegten Tomaten etwas abtropfen lassen.
- Den Basilikumtofu in acht etwa gleich große Würfel teilen.
- Zum Zusammensetzen der Spieße jeweils einen Tofuwürfel auf eine Tomate legen.
- Ein Blatt Basilikum und eine schwarze sowie grüne Olive hinzufügen.
- Das Ganze mit einem Zahnstocher sichern.
- Mit etwas Pfeffer würzen.

Snackalarm!

»Du sollst nicht naschen!«, lautet eins der Essgebote, das wir meistens schon in der Kindheit zu hören bekommen. »Snacks ruinieren den Appetit oder die Figur«, wird ebenfalls gern behauptet. Doch was soll man tun, wenn der kleine Hunger überhandnimmt? Hören Sie auf Ihren Körper und greifen Sie zu! Lassen Sie jedoch die Finger von Chips oder Schokoriegeln. Planen Sie lieber vor und haben Sie für unplanmäßige Heißhungerattacken immer eine Alternative zur Hand. Geröstete Kernmischungen halten sich, im Kühlschrank aufbewahrt, bis zu einer Woche. Kleingebäck aus Blätterteig oder Mehlteigen zwei bis drei Tage. In Teig ausgebackene Gemüsescheiben, gebackene Süßkartoffeln und Zucchinichips sind leckere und vollwertige Alternativen zu Kartoffelchips.

Ausgebackene Gemüsescheiben

Für den Ausbackteig:
50 g geröstetes Kichererbsenmehl
½ TL Meersalz
½ TL mildes Paprikapulver
½ TL gemahlene Kurkuma
1 TL fein gehackter Oregano
100 ml alkoholfreies Bier oder erkaltete Gemüsebrühe
frisch gemahlene Chiliflocken

½ Aubergine
1 Zwiebel
Raps- oder Sojaöl zum Ausbacken

- Für den **Ausbackteig** die trockenen Zutaten in einer Schüssel miteinander vermischen.
- Nach und nach unter Rühren das Bier hinzufügen, sodass ein glatter, relativ flüssiger Teig entsteht.
- Den Teig mit Chiliflocken würzen.
- Die Aubergine in Scheiben schneiden.
- Die Zwiebel schälen und ebenfalls in Scheiben schneiden.
- Reichlich Öl in einer Pfanne erhitzen.
- Die Gemüsescheiben von beiden Seiten in den Ausbackteig tunken und danach in der Pfanne im heißen Öl von beiden Seiten backen.
- Die ausgebackenen Gemüsescheiben auf etwas Küchenkrepp abtropfen lassen.

- ☐ Tipp: Anstelle der halben Aubergine können Sie einen kleinen, in Scheiben geschnittenen Zucchino verwenden.
  Grundsätzlich eignen sich viele Gemüsearten wie Blumenkohl- oder Brokkoliröschen, Kohlrabi-, Knollensellerie-, Kürbis- oder Kartoffelscheiben zum Ausbacken in Kichererbsenmehlteig.

Basilikum-Blätterteig-Röllchen

für etwa 10 Blätterteigröllchen

150 g frischer Blätterteig
  ersatzweise tiefgekühlt und aufgetaut
3 – 4 EL Basilikum-Zitronen-Creme (siehe Seite 36)
2 EL Sonnenblumenkerne

- Den Blätterteig zu einem Rechteck ausrollen.
- Danach mit der Basilikum-Zitronen-Creme bestreichen und mit den Sonnenblumenkernen überstreuen.
- Den Blätterteig von einer der langen Seiten her fest aufrollen und die so entstandene Nahtstelle gut andrücken.
- Die Blätterteigrolle mit einem scharfen Messer in etwa zwei Zentimeter breite Scheiben schneiden.
- Die Scheiben mit den Schnittflächen nach unten auf ein mit Backpapier ausgelegtes Backblech legen. Mit der flachen Seite einer Messerklinge durch leichten Druck auf die Oberflächen etwas abflachen.
- Die Blätterteigröllchen im Backofen bei 200 °C etwa eine Viertelstunde backen, bis sie schön knusprig sind.

- ☐ Tipp: Besonders herzhaft werden die Blätterteigröllchen, wenn man sie vor dem Backen mit einem Esslöffel Hefeflocken überstreut.

Geröstete Kichererbsen

450 g gekochte Kichererbsen
1 geschälte und durchgepresste Knoblauchzehe
1 EL Sonnenblumenöl
2 TL Garam Masala (indische Gewürzmischung)
Meersalz

- Die Kichererbsen mit den anderen Zutaten vermischen und mit etwas Salz würzen.
- Danach auf ein mit Backpapier ausgelegtes Backblech geben und im Backofen bei 180 °C etwa 60 Minuten rösten.
- Die Kichererbsen sollten während des Backvorgangs deutlich schrumpfen und zum Ende außen knusprig sein.

Geröstete Kürbiskerne

130 g Kürbiskerne
1 EL Sonnenblumenöl
½ TL Meersalz
2 MSP gemahlenes Piment
1 MSP gemahlener Koriander

- Die Kürbiskerne mit den anderen Zutaten vermengen und auf ein mit Backpapier ausgelegtes Backblech geben.
- Die Kerne im Backofen bei 200 °C 12 – 15 Minuten rösten.

Geröstete Knoblauchhaselnüsse

200 g Haselnüsse
1 EL geröstetes Kichererbsenmehl
1 EL Sonnenblumenöl
½ TL Meersalz
1 kleine getrocknete Chilischote
1 – 2 Knoblauchzehen

- Die Haselnüsse mit dem Kichererbsenmehl, Sonnenblumenöl und Salz vermischen.
- Die getrocknete Chilischote mit den Zinken einer Gabel fein zerkrümeln und zusammen mit den geschälten und durchgepressten Knoblauchzehen zu den Haselnüssen geben.
- Alles noch einmal gut vermischen.
- Die Haselnüsse auf ein mit Backpapier ausgelegtes Backblech geben und im Backofen bei 200 °C etwa 12 Minuten rösten.

☐ Tipp: Anstelle der Haselnüsse können Sie auch Mandeln verwenden.

Herzhafte Schwarzkümmeldreiecke

für 6 Schwarzkümmeldreiecke

180 g Weizenmehl (Type 1050)
1 ½ TL Backpulver
1 TL Meersalz
2 EL Hefeflocken
1 EL Schwarzkümmelsamen
2 – 3 MSP frisch gemahlener weißer Pfeffer
90 ml Soja-, Reis- oder Haferdrink
2 EL milder Senf
2 EL Sonnenblumenöl
2 EL fein gehackte glatte Petersilie
½ TL Soja-, Reis- oder Haferdrink zum Bestreichen

- Die trockenen Zutaten in einer Schüssel gründlich miteinander vermischen.
- Den Sojadrink mit dem Senf, dem Sonnenblumenöl und der Petersilie verrühren. Danach zum Mehl geben und alles schnell zu einem glatten, geschmeidigen Teig verkneten.
- Den Teig zu einer Kugel ausformen, diese mit dem Handballen zu einem etwa zwei Zentimeter dicken Fladen abflachen.
- Den Fladen in sechs Dreiecke schneiden und diese auf ein mit Backpapier ausgelegtes Backblech geben.
- Mit dem Sojadrink bestreichen.
- Die Schwarzkümmeldreiecke im Backofen bei 180 °C etwa 20 Minuten backen.

☐ Tipp: Die Schwarzkümmeldreiecke lassen sich prima in größeren Mengen auf Vorrat backen und bis zu drei Monate in der Tiefkühltruhe aufbewahren.

Kartoffelröllchen

für 6 Kartoffelröllchen

3 mittelgroße Kartoffeln (etwa 400 g)
Meersalz
40 g Weizenmehl (Type 1050)
2 EL Röstzwiebeln
1 EL Olivenöl
1 EL fein gehackter Kerbel oder krause Petersilie
1 TL mittelscharfer Senf
½ TL Meersalz
2 MSP Backpulver
2 MSP geriebene Muskatnuss
frisch gemahlener weißer Pfeffer
knapp 1 EL Olivenöl zum Bestreichen

- Die Kartoffeln in Salzwasser als Pellkartoffeln weich kochen.
- Danach noch heiß pellen und sofort durch eine Kartoffelpresse drücken oder mit einer Gabel fein zermusen.
- Den Rest der Zutaten, außer Pfeffer und Öl, unterrühren, sodass ein glatter Teig entsteht.
- Mit etwas Pfeffer würzen.
- Den Teig mit den Händen zu sechs Röllchen ausformen.
- Diese von allen Seiten mit dem Olivenöl bestreichen.
- Die Kartoffelröllchen auf ein mit Backpapier ausgelegtes Backblech legen und im Backofen bei 180 °C etwa 25 Minuten backen, bis sie leicht gebräunt sind. Dabei einmal wenden.

Maismehlfladen

150 g Weizenmehl (Type 1050)
75 g Maismehl
1 TL Meersalz
1 ½ TL Backpulver
200 ml Soja-, Reis- oder Haferdrink
1 EL Zitronensaft
2 EL Olivenöl
1 Frühlingszwiebel
½ grüne Chilischote
Olivenöl für die Form

- Die trockenen Zutaten in einer Schüssel miteinander vermischen.
- Den Sojadrink mit dem Zitronensaft verrühren.
- In der Mitte des Mehls eine Mulde ausformen und das Olivenöl sowie den Sojadrink hineingeben.
- Die Teigmasse von der Mitte her zu einem glatten Teig verrühren.
- Die Frühlingszwiebel in feine Scheiben schneiden.
- Die Chilischote fein hacken.
- Die Frühlingszwiebel und Chilischote unter den Teig rühren.
- Eine kleine gusseiserne Pfanne (Achtung: keine Pfanne mit Kunststoff- oder Holzgriffen verwenden!) oder eine kleine Tarteform gründlich mit Öl auspinseln.
- Den Teig hineingeben und glatt streichen.
- Den Maismehlfladen im Backofen bei 200 °C 15 – 20 Minuten backen. Danach in vier Stücke schneiden.

- Tipp: Die Maismehlfladen lassen sich gut auf Vorrat backen und entweder bis zu drei Tagen im Kühlschrank oder bis zu drei Monate in der Tiefkühltruhe aufbewahren.

Saftige Tofuwürfel

250 g Tofu (natur)

Für die Marinade:
4 EL Wasser
3 EL Sojasauce
2 EL Ketjap Manis (süße Sojasauce)
2 EL Tomatenmark
2 EL Aceto Balsamico
1 TL mildes Paprikapulver
½ TL scharfes Paprikapulver
1 TL mildes Currypulver
3 MSP gemahlener Koriander

1 – 2 geschälte und halbierte Knoblauchzehen (nach Wahl)
1 kleiner Zweig Thymian
1 kleiner Zweig Rosmarin
4 – 5 EL Weizenmehl (Type 1050)

- Den Tofu kurz abbrausen, in Küchenkrepp einschlagen und vorsichtig das überschüssige Wasser auspressen. Danach den Tofu mundgerecht würfeln.
- Für die **Marinade** alle Zutaten miteinander verrühren.
- Die Tofuwürfel vorsichtig mit der Marinade vermengen.
- Die Knoblauchzehen, Thymian und Rosmarin hinzufügen.
- Den Tofu etwa zwei Stunden in der Marinade ziehen lassen.
- Danach das Weizenmehl in einen Suppenteller geben und die Tofuwürfel darin von allen Seiten wälzen. Das überschüssige Mehl nach dem Wälzen abklopfen.
- Die Tofuwürfel auf ein mit Backpapier ausgelegtes Backblech geben und im Backofen bei 180 °C 40 – 45 Minuten backen. Dabei die Würfel mindestens einmal wenden.

Süßkartoffelscheiben vom Backblech

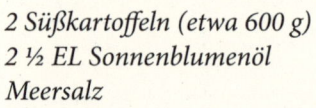

2 Süßkartoffeln (etwa 600 g)
2 ½ EL Sonnenblumenöl
Meersalz
frisch gemahlener weißer Pfeffer

- Die Süßkartoffeln schälen und danach in hauchdünne Scheiben schneiden oder hobeln.
- Die Süßkartoffelscheiben auf zwei mit Backpapier ausgelegte Backbleche verteilen.
- Von beiden Seiten mit dem Sonnenblumenöl bestreichen und ein wenig mit Salz und Pfeffer würzen.
- Die Süßkartoffelscheiben je nach Dicke im Backofen bei 220 °C etwa 30 Minuten backen. Sie sollten zum Ende der Backzeit leicht angebräunt und knusprig, aber auf keinen Fall zu dunkel gebräunt sein, weil sie dann bitter schmecken.
- Es empfiehlt sich während des Backvorgangs, die eventuell dünner geschnittenen und damit eher fertig gebackenen Scheiben aus dem Ofen zu nehmen, während der Rest weiterbackt.

☐ Tipp: Eine leckere und gesunde Alternative zu herkömmlichen Kartoffelchips.

Tomaten-Blätterteig-Stückchen

für 8 Blätterteigstückchen

2 EL Hefeflocken
2 EL Olivenöl
1 EL Tomatenmark
½ TL mildes Paprikapulver
3 Salbeiblätter
130 g frischer Blätterteig
  ersatzweise tiefgekühlt und aufgetaut
8 Tomatenscheiben (½ cm dick)
Meersalz
frisch gemahlener schwarzer Pfeffer

- Die Hefeflocken mit dem Olivenöl, Tomatenmark und Paprikapulver verrühren.
- Die Salbeiblätter fein hacken und unterrühren.
- Den Blätterteig zu einem Rechteck ausrollen und mit der Mischung bestreichen.
- Den Blätterteig in acht Stücke schneiden und diese auf ein mit Back-papier ausgelegtes Backblech geben.
- Jedes Stück mittig mit einer Tomatenscheibe belegen.
- Die Tomatenscheiben mit Salz und Pfeffer würzen.
- Die Tomaten-Blätterteig-Stücke im Backofen bei 200 °C etwa 18 Minu-ten knusprig backen.

Tomaten-Pinienkern-Bällchen

für 8 Tomaten-Pinienkern-Bällchen

50 g Pinienkerne
8 in Öl eingelegte, getrocknete Tomaten
6 grüne entkernte Oliven
2 Salbeiblätter
4 EL Semmelbrösel
2 EL Tomatenmark
1 EL Hefeflocken
1 TL Balsamico bianco
frisch gemahlener schwarzer Pfeffer

- Die Pinienkerne in einer trockenen Pfanne kurz anrösten, dann vor der Weiterverarbeitung abkühlen lassen.
- Die Pinienkerne, die eingelegten Tomaten, die Oliven und Salbeiblätter in den Mixbehälter der Küchenmaschine geben und alles zu einer feinen Creme zerkleinern.
- Die Semmelbrösel, das Tomatenmark, die Hefeflocken und den Balsamessig unterrühren.
- Die Mischung mit Pfeffer abschmecken.
- Die Tomatenmasse mit den Händen zu acht kleinen Bällchen ausformen.

Würzige Sesamkugeln

für 8 Sesamkugeln

1 Karotte
2 kleine Stangen Staudensellerie
½ Apfel
3 EL Erdnusscreme
5 EL geschälte Sesamsamen
5 EL Semmelbrösel
1 – 2 EL Hefeflocken
1 EL Sojasauce oder 1 EL Tomatenketchup
1 EL Ketjap Manis (süße Sojasauce) oder 1 TL Ahornsirup
1 EL fein gehackter Schnittlauch
frisch gemahlener schwarzer Pfeffer
Meersalz

- Die Karotte, den Staudensellerie und den Apfel fein raspeln.
- Mit der Erdnusscreme, den Sesamsamen, den Semmelbröseln und den Hefeflocken gründlich vermischen.
- Die Sojasauce, Ketjap Manis und den Schnittlauch unterrühren.
- Herzhaft mit Pfeffer und, falls gewünscht, mit noch etwas Salz abschmecken.
- Die Teigmasse mit den Händen zu acht kleinen Kugeln ausformen.

□ Tipp: Falls Sie auf Soja allergisch reagieren, ersetzen Sie die Sojasauce durch Tomatenketchup und Ketjap Manis durch Ahornsirup.

Zucchinichips

Für die Marinade:
1 – 2 EL Olivenöl
1 EL Balsamico bianco
2 EL Hefeflocken
1 EL fein gehackter Thymian
1 TL gemahlene Kurkuma
1 – 2 geschälte und durchgepresste Knoblauchzehen
Meersalz
frisch gemahlener schwarzer Pfeffer

400 – 450 g Zucchini
etwa 50 g Semmelbrösel

- Für die **Marinade** alle Zutaten miteinander verrühren und herzhaft mit Salz und Pfeffer würzen.
- Die Zucchini in dünne Scheiben schneiden, in eine Schüssel geben und mit der Marinade vermengen. Etwa 30 Minuten darin ziehen lassen.
- Die Semmelbrösel in einen Suppenteller geben und die marinierten Zucchinischeiben damit von beiden Seiten panieren.
- Die Zucchinichips auf ein mit Backpapier ausgelegtes Backblech geben und im Backofen bei 180 °C etwa 40 Minuten backen, bis sie außen leicht gebräunt und knusprig sind.

Etwas Warmes braucht der Mensch

Suppen sind einfach wunderbar. An kalten Tagen wärmen sie den Körper und bringen die Abwehrkräfte in Schwung. An Tagen, an denen wir niedergeschlagen sind, wirken sie als Balsam für die Seele.

Weil ihre Zutaten so vielfältig variierbar sind, kommt mit einem guten Süppchen im Teller nie Langeweile auf. Sofern man frische und vollwertige Zutaten in den Suppentopf gibt, profitiert der Körper vom fleißigen Suppenlöffeln, weil viele wertvolle Inhaltsstoffe aufgenommen werden. Außerdem kommen die meisten veganen Suppen relativ kalorienarm daher, sodass sie sich als figurfreundlich erweisen.

Die folgenden Suppenrezepte sind für zwei sättigende Portionen gedacht, die auf zwei kleine Isolierkannen (mit jeweils 500 Milliliter Inhalt) verteilt werden können.

Cremige Tomatensuppe

1 kleine Zwiebel
1 Knoblauchzehe
1 EL Olivenöl
4 mittelgroße Tomaten
3 Scheiben Vollkorntoast
1 Lorbeerblatt
1 TL fein gehackter Rosmarin
400 ml Gemüsebrühe
140 g Tomatenmark
1 EL Sherry-Essig
1 EL Roh-Rohrzucker
2 EL fein gehacktes Basilikum
Meersalz
frisch gemahlener schwarzer Pfeffer

- Die Zwiebel und den Knoblauch schälen, fein hacken und im heißen Olivenöl anschwitzen.
- Die Tomaten an den Stielansätzen kreuzförmig einschneiden und mit heißem Wasser übergießen. Eine Viertelstunde ruhen lassen, danach enthäuten und grob würfeln.
- Das Toastbrot entrinden und die Brotrinden anderweitig verwenden. Das Toastbrot grob würfeln und mit dem Lorbeerblatt, Rosmarin und den Tomaten zur Zwiebel in den Topf geben.
- Mit der Gemüsebrühe übergießen und etwa zehn Minuten köcheln lassen.
- Den Topf vom Herd nehmen, das Lorbeerblatt entfernen und alles mit dem Pürierstab zu einer feinen Creme pürieren.
- Das Tomatenmark, den Sherry-Essig, den Zucker und das Basilikum unterrühren.
- Die Suppe zurück auf den Herd geben und zum Kochen bringen.
- Die Temperatur reduzieren und die Suppe drei bis vier Minuten köcheln lassen.
- Mit Salz und Pfeffer abschmecken.

Erbsencremesuppe mit Minze

1 kleine Zwiebel
2 EL Rapsöl
1 Stange Lauch
1 mittelgroße Kartoffel
250 ml Gemüsebrühe
200 g grüne Erbsen (frisch oder tiefgekühlt)
150 ml Soja-, Reis- oder Haferdrink
25 ml halbtrockener Sherry, ersatzweise Apfelsaft
1 TL Apfelessig
2 EL fein gehackte krause Petersilie
1 EL fein gehackte Minze
2 MSP geriebene Muskatnuss
5 EL Soja- oder Hafersahne
Meersalz
frisch gemahlener weißer Pfeffer

- Die Zwiebel schälen, fein hacken und im heißen Öl anschwitzen.
- Den Lauch in feine Ringe schneiden und zur Zwiebel in den Topf geben.
- Kurz anschwitzen, dann die geschälte und in Würfel geschnittene Kartoffel hinzufügen.
- Mit der Gemüsebrühe übergießen und das Gemüse etwa zehn Minuten köcheln lassen.
- Dann die Erbsen dazugeben und alles nochmals sechs bis acht Minuten köcheln lassen, bis das gesamte Gemüse weich gekocht ist.
- Den Topf vom Herd nehmen und das Gemüse mit dem Pürierstab gründlich pürieren.
- Den Sojadrink und den Sherry hinzufügen und nochmals pürieren, bis keine Stückchen mehr vorhanden sind.
- Den Topf auf den Herd geben und die Suppe zum Kochen bringen.
- Einmal aufwallen lassen, dann die Temperatur reduzieren und den Apfelessig, die Petersilie, Minze und geriebene Muskatnuss unterrühren.
- Die Suppe drei bis vier Minuten köcheln lassen, dann die Sojasahne unterrühren und die Suppe mit Salz und Pfeffer abschmecken.

Fruchtige Lauchcremesuppe

½ Zwiebel
1 große Stange Lauch
1 – 2 EL Rapsöl
2 mittelgroße Kartoffeln
1 Birne
250 ml Gemüsebrühe
200 ml Soja-, Reis- oder Haferdrink
2 – 3 MSP geriebene Muskatnuss
5 EL Soja- oder Hafersahne
1 EL fein gehackter Schnittlauch
Meersalz
frisch gemahlener weißer Pfeffer

- Die Zwiebel schälen und grob hacken, den Lauch in Streifen schneiden.
- Zwiebel und Lauch in einem Topf im heißen Rapsöl anschwitzen.
- Die Kartoffeln schälen und würfeln.
- Die Birne schälen, entkernen und würfeln.
- Kartoffeln und Birne ebenfalls in den Topf geben und mit der Gemüsebrühe übergießen.
- Das Gemüse und Obst unter gelegentlichem Rühren weich kochen.
- Den Topf vom Herd nehmen und das Gemüse und die Birne mit dem Pürierstab pürieren.
- Den Sojadrink sowie die geriebene Muskatnuss unterrühren und nochmals pürieren.
- Den Topf zurück auf den Herd geben und die Suppe zum Kochen bringen.
- Die Temperatur reduzieren und die Suppe fünf Minuten köcheln lassen.
- Die Sojasahne und den Schnittlauch hinzufügen und die Suppe nochmals zwei bis drei Minuten ziehen lassen.
- Mit Salz und Pfeffer abschmecken.

Karotten-Orangen-Suppe

½ Zwiebel
1 walnussgroßes Stück Ingwer
1 – 2 EL Rapsöl
4 Karotten
1 mittelgroße Kartoffel
250 ml Gemüsebrühe
Saft von einer Orange
200 ml Soja-, Reis- oder Haferdrink
1 TL fein gehackter Rosmarin
2 MSP gemahlener Zimt
Meersalz
frisch gemahlener weißer Pfeffer

- Die Zwiebel und den Ingwer schälen, grob hacken und im heißen Rapsöl in einem Topf anschwitzen.
- Die Karotten und Kartoffel schälen und grob würfeln.
- Ebenfalls in den Topf geben, mit der Gemüsebrühe übergießen und unter gelegentlichem Rühren weich kochen.
- Den Topf vom Herd nehmen und das Gemüse mit dem Pürierstab pürieren.
- Den Orangensaft und den Sojadrink hinzufügen und nochmals pürieren.
- Topf zurück auf den Herd geben und die Suppe zum Kochen bringen.
- Die Temperatur reduzieren, den Rosmarin und den Zimt hinzufügen und die Suppe fünf Minuten köcheln lassen.
- Mit Salz und Pfeffer abschmecken.

Klares Süppchen mit Gartenkräutern

1 Zwiebel
1 EL Rapsöl
1 Karotte
1 Lorbeerblatt
2 – 3 MSP Fenchelsamen
550 ml Wasser
1 TL Meersalz
4 – 5 EL fein gehackte gemischte Gartenkräuter
   (z. B. Schnittlauch, Petersilie, Estragon, Kresse, Dill, Sauerampfer)
1 EL Weißweinessig
½ – 1 EL Shiro Miso oder 1 TL gekörnte Gemüsebrühe
frisch gemahlener schwarzer Pfeffer
Meersalz

- Die Zwiebel schälen, fein hacken und im heißen Rapsöl in einem Topf kurz anschwitzen.
- Die Karotte sehr fein würfeln oder raspeln und mit dem Lorbeerblatt und den Fenchelsamen zur Zwiebel in den Topf geben.
- Ebenfalls kurz anschwitzen, dann das Wasser hinzufügen und das Salz unterrühren.
- Die Suppe kurz zum Kochen bringen. Dann die Temperatur reduzieren und die Suppe zehn Minuten köcheln lassen.
- Die Gartenkräuter und den Essig unterrühren und die Suppe nochmals drei bis vier Minuten köcheln lassen.
- Drei bis vier Esslöffel von der Suppe abnehmen und das Miso damit glattrühren. Zur Suppe geben und nochmals zwei bis drei Minuten ziehen lassen.
- Die Suppe mit Pfeffer und, falls gewünscht, mit noch etwas Salz abschmecken.

☐ Tipp: Wenn Sie die Suppe am Vorabend zubereiten, sollten Sie das Miso erst beim Wiederaufwärmen unterrühren. Falls Sie auf Soja allergisch reagieren, können Sie das Miso durch einen Teelöffel gekörnte Gemüsebrühe ersetzen.

Maronensuppe

1 kleine rote Zwiebel
1 Knoblauchzehe
2 EL Olivenöl
1 kleine Karotte
2 kleine Stangen Staudensellerie
350 ml Gemüsebrühe
200 g gekochte Maronen
250 ml Soja-, Reis- oder Haferdrink
1 EL Sherry-Essig
1 EL fein gehackter Thymian
1 TL fein gehackter Rosmarin
2 EL fein gehackte krause Petersilie
Meersalz
frisch gemahlener schwarzer Pfeffer

- Die Zwiebel und den Knoblauch schälen, grob hacken und in einem Topf im heißen Olivenöl anschwitzen.
- Die Karotte und den Staudensellerie grob würfeln und zur Zwiebel in den Topf geben.
- Ebenfalls kurz anschwitzen, dann mit der Gemüsebrühe übergießen.
- Die Maronen halbieren und ebenfalls in den Topf geben.
- Das Gemüse weich kochen.
- Den Topf vom Herd nehmen und das Gemüse und die Maronen mit dem Pürierstab pürieren.
- Den Sojadrink hinzufügen und das Gemüse nochmals pürieren.
- Die Suppe zurück auf den Herd geben und zum Kochen bringen.
- Die Temperatur reduzieren und den Sherry-Essig, Thymian, Rosmarin und die Petersilie dazugeben.
- Die Suppe fünf Minuten köcheln lassen, dann mit Salz und Pfeffer abschmecken.

Misosuppe mit Tofu

100 g Tofu (natur)
2 Frühlingszwiebeln
1 kleine Karotte
1 EL Sojaöl oder Rapsöl
600 ml kaltes Wasser
1 TL gekörnte Gemüsebrühe
1 – 2 EL getrocknete Wakame
2 EL fein gehackte glatte Petersilie
1 – 2 EL Miso (z. B. Genmai Miso)

- Den Tofu kurz abbrausen, in Küchenkrepp einschlagen und das über-schüssige Wasser vorsichtig auspressen. Danach sehr fein würfeln.
- Die Frühlingszwiebeln in feine Scheiben schneiden, die Karotte schä-len und fein raspeln.
- Das Gemüse im heißen Öl anschwitzen, dann mit dem Wasser ablö-schen.
- Die gekörnte Gemüsebrühe unterrühren.
- Die Suppe zum Kochen bringen und einmal aufwallen lassen.
- Dann die Temperatur etwas reduzieren, die Tofuwürfel und die getrock-nete Wakame unterrühren und die Suppe etwa fünf Minuten köcheln lassen.
- Zum Schluss die Petersilie und die Misopaste unterrühren.

- Tipp: Wenn Sie die Suppe am Vorabend zubereiten, sollten Sie das Miso erst beim Wiederaufwärmen am darauf folgenden Morgen unter-rühren.

Rote-Bete-Kokosmilch-Suppe

1 kleine Zwiebel
1 – 2 EL Rapsöl
1 walnussgroßes Stück Ingwer
2 Rote Beten (etwa 550 g)
400 ml Gemüsebrühe
250 ml Kokosmilch
2 EL Sherry-Essig
2 MSP gemahlener Zimt
2 EL fein gehackter Dill
Meersalz
frisch gemahlener weißer Pfeffer

- Die Zwiebel schälen, fein hacken und im heißen Rapsöl anschwitzen.
- Den Ingwer grob hacken.
- Die Roten Beten schälen, würfeln, dann zusammen mit dem Ingwer zur Zwiebel in den Topf geben.
- Das Gemüse kurz anschwitzen, dann mit der Gemüsebrühe übergießen und in etwa 30 Minuten unter gelegentlichem Rühren sehr weich kochen.
- Den Topf vom Herd nehmen und das Gemüse mit dem Pürierstab pürieren.
- Die Kokosmilch hinzufügen und nochmals pürieren.
- Den Sherry-Essig und den Zimt hinzufügen.
- Den Topf zurück auf den Herd geben und unter Rühren einmal aufkochen lassen.
- Dann die Temperatur reduzieren und die Suppe nochmals fünf Minuten köcheln lassen.
- Den Dill unterrühren und die Suppe mit Salz und Pfeffer abschmecken.

Weiße Wintersuppe

1 Stange Lauch
1 Knoblauchzehe (nach Wahl)
1 – 2 EL Rapsöl
2 mittelgroße Kartoffeln (etwa 300 g)
200 g Wurzelpetersilie
2 Lorbeerblätter
400 ml Gemüsebrühe
200 ml Soja-, Reis- oder Haferdrink
1 EL Apfelessig
2 – 3 MSP geriebene Muskatnuss
2 EL fein gehackter Schnittlauch
2 EL fein gehackte Petersilie
Meersalz
frisch gemahlener weißer Pfeffer

- Den Lauch in Scheiben schneiden und den Knoblauch schälen und grob würfeln.
- Beides im heißen Rapsöl kurz anschwitzen.
- Die Kartoffeln und die Wurzelpetersilie schälen, würfeln und ebenfalls in den Topf geben.
- Die Lorbeerblätter hinzufügen und mit der Gemüsebrühe übergießen.
- Das Gemüse unter gelegentlichem Rühren weich kochen.
- Den Topf vom Herd nehmen, die Lorbeerblätter entfernen und das Gemüse mit dem Pürierstab pürieren.
- Den Sojadrink und den Apfelessig hinzufügen und das Gemüse nochmals kurz pürieren.
- Den Topf zurück auf den Herd geben und die Suppe zum Kochen bringen.
- Die Temperatur reduzieren und die geriebene Muskatnuss unterrühren.
- Die Suppe drei bis vier Minuten köcheln lassen, dann den Schnittlauch und die Petersilie unterrühren.
- Die Suppe herzhaft mit Salz und Pfeffer abschmecken.

Wirsing-Linsen-Suppe

1 kleine Zwiebel
1 – 2 EL Rapsöl
250 g Wirsing
100 g grüne Linsen
700 ml Gemüsebrühe
2 EL Sojasauce oder 1 TL gekörnte Gemüsebrühe
1 EL Balsamico bianco
1 EL fein gehacktes Bohnenkraut
1 TL mildes Currypulver
2 – 3 MSP gemahlener Kreuzkümmel
Meersalz
frisch gemahlener schwarzer Pfeffer

- Die Zwiebel schälen, fein hacken und im heißen Rapsöl anschwitzen.
- Den Wirsing in Streifen schneiden und zur Zwiebel in den Topf geben. Ebenfalls kurz anschwitzen.
- Die Linsen sowie die Gemüsebrühe hinzufügen und die Linsen und den Wirsing in 25 – 30 Minuten sehr weich kochen.
- Den Topf vom Herd nehmen und das Gemüse mit dem Pürierstab fein pürieren.
- Topf zurück auf den Herd geben und Sojasauce, Balsamessig, Bohnenkraut, Currypulver und Kreuzkümmel unterrühren.
- Die Suppe zum Kochen bringen, dann die Temperatur reduzieren und die Suppe nochmals fünf bis zehn Minuten köcheln lassen.
- Die Suppe herzhaft mit Salz und Pfeffer abschmecken.

Zucchinischaumsüppchen mit Tahin

1 Schalotte
1 Knoblauchzehe
1 – 2 EL Rapsöl
2 mittelgroße Kartoffeln
2 kleine Zucchini
500 ml Gemüsebrühe
2 EL weißes Sesammus (Tahin)
1 EL Weißweinessig
2 EL fein gehackter Schnittlauch
2 EL fein gehackter Dill
Meersalz
frisch gemahlener weißer Pfeffer

- Die Schalotte und den Knoblauch schälen, fein hacken und im heißen Öl anschwitzen.
- Die Kartoffeln schälen und würfeln.
- Die Zucchini ebenfalls würfeln und zusammen mit den Kartoffeln zur Schalotte in den Topf geben.
- Mit der Gemüsebrühe übergießen und das Gemüse darin sehr weich kochen.
- Den Topf vom Herd nehmen und das Gemüse mit dem Pürierstab pürieren.
- Das Tahin und den Weißweinessig hinzufügen und nochmals pürieren. Dabei den Pürierstab ein paar Mal von unten nach oben ziehen, sodass die Suppe schön schaumig wird.
- Den Topf zurück auf den Herd geben und die Suppe zum Kochen bringen.
- Die Temperatur reduzieren und die Suppe etwa fünf Minuten köcheln lassen.
- Danach den Schnittlauch und Dill unterrühren und die Suppe herzhaft mit Salz und Pfeffer abschmecken.

- Tipp: Wenn Sie die Suppe am Vorabend zubereiten, schäumen Sie sie beim Aufwärmen am nächsten Morgen noch einmal kurz mit dem Pürierstab auf.

Das Beste zum Schluss

Beim Dessert heißt es für viele Naschkatzen »Ende gut, alles gut«. Deshalb sollen auch Sie als Unterwegsversorger in Sachen Süßes nicht zu kurz kommen. Bei allem Süßen bewährt sich ebenfalls die Regel: Alles, was zu sehr tropft, schmilzt, klebt oder schnell verdirbt, ist tabu. Prima für unterwegs sind Cremes, Puddings und Grützen, die direkt aus dem Gefäß gelöffelt werden können. Für den Open-Air-Genuss geradezu prädestiniert sind Muffins, Kekse oder Gebäckzubereitungen. Ebenso geeignet sind Riegel, Schnitten und Bällchen aus Kernen und Trockenobst, die zudem als ordentliche Kraftspender dienen.
Wenn es bei der Zubereitung einmal ganz fix gehen muss, kann ein süß gefülltes Sandwich als Dessert dienen. Der Fantasie und dem Genuss sind auch hier keine Grenzen gesetzt.

Ananas-Kiwi-Grütze

½ kleine Ananas
2 Kiwis
Saft von 2 Orangen
Saft und Schale einer halben, kleinen unbehandelten Zitrone
4 EL Roh-Rohrzucker
½ Vanilleschote
3 EL Speisestärke
5 EL kaltes Wasser

- Die Ananashälfte vierteln und den harten Strunk herausschneiden.
- Jedes Viertel der Länge nach in drei Scheiben schneiden. Von den einzelnen Scheiben die Schale entfernen und das Fruchtfleisch fein würfeln.
- Die Kiwis schälen und ebenfalls fein würfeln.
- Die Ananas, Kiwis und den Orangensaft in einen Topf geben.
- Den Zitronensaft, die Zitronenschale, den Zucker und das Mark der Vanilleschote hinzufügen.
- Die Fruchtmischung unter gelegentlichem Rühren zum Kochen bringen.
- Danach den Topf vom Herd nehmen und die Früchte mit dem Pürierstab nur ganz kurz pürieren. Die Früchte sollten dabei nicht vollständig zerkleinert werden, sodass die Grütze noch etwas stückig bleibt.
- Die Speisestärke mit dem Wasser anrühren und zur Grütze geben.
- Den Topf zurück auf den Herd geben. Die Grütze unter Rühren zum Kochen bringen und drei bis vier Minuten sprudelnd kochen.
- Danach in zwei mit einem Deckel verschließbare Behälter umfüllen und abkühlen lassen.

Apfelpfannkuchen mit Kokos

120 g Dinkelmehl (Type 630)
40 g Roh-Rohrzucker
1 TL Backpulver
1 MSP Meersalz
2 – 3 MSP gemahlener Zimt
1 Apfel
2 EL gemahlener Leinsamen
5 EL kaltes Wasser
160 ml Kokosmilch
2 TL Rapsöl

- Zuerst die trockenen Zutaten in einer Schüssel miteinander verrühren.
- Den Apfel schälen und raspeln.
- Den Leinsamen mit dem Wasser übergießen und in einem schmalen Rührgefäß mit dem Handmixer schaumig schlagen.
- In der Mitte des Mehls eine Mulde ausformen und den Leinsamen, den geraspelten Apfel und die Kokosmilch hineingeben.
- Alles von der Mitte her zu einem geschmeidigen Teig verrühren.
- Einen Teelöffel Öl in der Pfanne heiß werden lassen und die Hälfte des Teigs hineingeben.
- Den Teig glatt streichen und von beiden Seiten bei mittlerer Temperatur zu einem Pfannkuchen ausbacken.
- Den fertigen Pfannkuchen aus der Pfanne nehmen.
- Nochmals einen Teelöffel Öl heiß werden lassen und den zweiten Pfannkuchen darin ausbacken.

Aprikosen-Nuss-Schnitten

für 6 kleine Aprikosen-Nuss-Schnitten

100 g getrocknete Aprikosen
200 ml kochend heißes Wasser
1 Teebeutel grüner Tee
60 g gemahlene Walnüsse
2 EL blanchierte und gemahlene Mandeln
2 EL gemahlener Leinsamen
1 EL Ahornsirup
3 eckige Backoblaten (120 mm × 200 mm)

- Die Aprikosen mit dem kochend heißen Wasser übergießen und den Teebeutel dazugeben.
- Nach etwa vier Minuten den Teebeutel wieder entfernen, die Aprikosen 45 Minuten im Tee ziehen lassen.
- Danach die Aprikosen in ein Sieb geben und gut abtropfen lassen. Vom Tee zwei Esslöffel aufbewahren.
- Die Aprikosen im Mixbehälter der Küchenmaschine zerkleinern.
- Mit den Walnüssen, Mandeln und dem Leinsamen vermischen.
- Die zwei Esslöffel Tee und den Ahornsirup hinzufügen. Alles gut verrühren, sodass eine cremige Masse entsteht.
- Die Hälfte der Aprikosenmasse auf eine Backoblate streichen.
- Die zweite Backoblate auflegen. Den Rest der Aprikosenmasse darauf verteilen und glatt streichen.
- Die dritte Backoblate darübergeben und etwas andrücken.
- Die Fruchtschnitte stramm in Frischhaltefolie einwickeln und von beiden Seiten vorsichtig, das heißt mit wenig Druck, mit dem Nudelholz überrollen.
- Die Fruchtschnitte im Kühlschrank über Nacht ziehen lassen.
- Danach in sechs Teile schneiden.

- Tipp: Die Fruchtschnitten halten sich in einem verschließbaren Gefäß im Kühlschrank mindestens eine Woche. Daher lohnt es sich durchaus, die Zutatenmenge zu verdoppeln und gleich die doppelte Anzahl herzustellen.

Bananenbrownies

1 kleine Banane
60 g Roh-Rohrzucker
50 g weiche Margarine
100 g Dinkelmehl (Type 630)
1 MSP Meersalz
½ TL Backpulver
5 EL Soja-, Reis- oder Haferdrink
70 g Zartbitterschokolade
50 g Walnüsse
½ Vanilleschote
Margarine für die Form

- Die Banane in Scheiben schneiden. Danach mit einer Gabel zermusen und mit dem Zucker und der Margarine schaumig rühren.
- Das Dinkelmehl mit dem Salz und Backpulver vermischen.
- Das Mehl zur Bananenmischung geben und zusammen mit dem Sojadrink zu einem glatten Teig verrühren.
- Die Zartbitterschokolade sowie die Walnüsse fein hacken und zusammen mit dem Mark der Vanilleschote unter den Teig rühren.
- Eine rechteckige, flache Auflaufform (28 cm × 16 cm) gut einfetten.
- Den Teig hineingeben und glatt streichen.
- Die Bananenbrownies im Backofen bei 160 °C etwa 25 Minuten backen.
- Nach dem Auskühlen mit einem scharfen Messer in Stücke schneiden und vorsichtig aus der Form lösen.

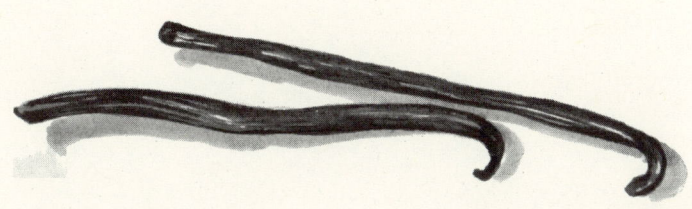

Bananen-Kokos-Schnitten

für 6 kleine Bananen-Kokos-Schnitten

120 g getrocknete, ungesüßte Bananenchips
60 g Kokosraspel
80 ml Orangensaft
4 EL Ahornsirup
3 EL Rapsöl
3 EL Zitronensaft
2 EL weißes Sesammus (Tahin)
1 MSP Meersalz
3 eckige Backoblaten (120 mm × 200 mm)

- Die Bananenchips im Mixbehälter der Küchenmaschine zerkleinern.
- In eine Schüssel umfüllen und mit dem Rest der Zutaten vermischen, sodass eine cremige Masse entsteht.
- Die Hälfte der Bananenmasse auf eine Backoblate streichen.
- Die zweite Backoblate auflegen. Den Rest der Bananenmasse darauf verteilen und glatt streichen.
- Die dritte Backoblate darübergeben und etwas andrücken.
- Die Fruchtschnitte stramm in Frischhaltefolie einwickeln und von beiden Seiten vorsichtig, das heißt mit wenig Druck, mit dem Nudelholz überrollen.
- Die Fruchtschnitte im Kühlschrank über Nacht ziehen lassen.
- Danach in sechs Teile schneiden.

- Tipp: Die Fruchtschnitten halten sich in einem verschließbaren Gefäß im Kühlschrank mindestens eine Woche. Sie können deshalb die Zutatenmenge auch verdoppeln und sich so einen kleinen Vorrat anlegen.

Cranberry-Schoko-Taler

80 g Zartbitterschokolade
30 g schnittfeste Margarine oder
ungehärtetes Kokosfett
50 g getrocknete Cranberrys
30 g Haselnüsse
2 EL gemahlener Leinsamen
2 EL gesiebter Puderzucker
1 TL Johannisbrotkernmehl
1 MSP Meersalz
4 Puddingförmchen oder Kaffeetassen

- Die Zartbitterschokolade etwas zerkleinern und zusammen mit der Margarine im Wasserbad zum Schmelzen bringen.
- Die Cranberrys im Mixbehälter der Küchenmaschine zerkleinern.
- Die Haselnüsse ebenfalls im Mixbehälter der Küchenmaschine zerkleinern.
- Die Cranberrys, Haselnüsse, den Leinsamen, Puderzucker, das Johannisbrotkernmehl und Salz unter die Schokoladenmasse ziehen.
- Vier Puddingförmchen oder Kaffeetassen mit Frischhaltefolie auskleiden.
- Die Schokoladenmasse auf die Puddingförmchen verteilen und glatt streichen.
- Die Cranberry-Schoko-Taler im Kühlschrank abkühlen und erstarren lassen.

□ Tipp: Die Frischhaltefolie verhindert nicht nur, dass die Cranberry-Schoko-Taler am Rand der Form ankleben, sondern dient gleichzeitig als praktische Transporthilfe. Zum Mitnehmen können die Cranberry-Schoko-Taler mit der Folie aus der Form genommen und eingepackt werden.

Dattel-Nuss-Bällchen

für 8 Dattel-Nuss-Bällchen

100 g getrocknete Datteln
40 g Walnüsse
40 g Haselnüsse
3 EL Ahornsirup
1 EL Erdnusscreme
1 TL weißes Sesammus (Tahin)
1 MSP Meersalz

- Die Datteln entkernen und im Mixbehälter der Küchenmaschine zerkleinern.
- Die Walnüsse und Haselnüsse ebenfalls im Mixbehälter der Küchenmaschine zerkleinern.
- Die zerkleinerten Datteln und Nüsse mit dem Ahornsirup, der Erdnusscreme, dem Tahin und Salz verrühren.
- Mit den Händen acht kleine Bällchen ausformen und diese vor dem Verzehr mindestens 30 Minuten im Kühlschrank ruhen lassen.

□ Tipp: Zusätzlich können die fertigen Dattel-Nuss-Bällchen noch in zwei bis drei Esslöffel Kokosraspel oder Carobpulver gewälzt werden.

Feigen-Marzipan-Verführung

für 8 Bällchen

120 g getrocknete Feigen
50 g grüne (geschälte) Pistazienkerne
50 g Marzipanrohmasse
1 ½ EL Ahornsirup
1 ½ EL Orangensaft
3 MSP gemahlener Zimt
1 MSP Meersalz

- Die Feigen grob würfeln. Dann im Mixbehälter der Küchenmaschine zerkleinern und in eine kleine Schüssel geben.
- Die Pistazienkerne ebenfalls im Mixbehälter der Küchenmaschine zerkleinern und zu den Feigen geben.
- Die Marzipanrohmasse in einer zweiten Schüssel mit dem Ahornsirup, Orangensaft, Zimt und Salz verrühren.
- Zur Feigenmasse geben und alles gut vermischen.
- Mit den Händen acht kleine Bällchen ausformen und diese vor dem Verzehr mindestens 30 Minuten im Kühlschrank ruhen lassen.

- Tipp: Noch intensiver schmeckt und duftet die Feigen-Marzipan-Verführung, wenn Sie den Orangensaft durch Orangenblütenwasser ersetzen.

Exotische Fruchtspieße

½ reife Ananas
½ reife Papaya
4 Holzspieße
1 EL Ahornsirup
2 – 3 MSP gemahlener Zimt

- Die halbe Ananas vierteln und den harten Strunk herausschneiden.
- Jedes Viertel der Länge nach in drei Scheiben schneiden. Von den einzelnen Scheiben die Schale entfernen und das Fruchtfleisch in mundgerechte Stücke schneiden.
- Die Kerne der Papaya mit einem Löffel entfernen.
- Danach die Papaya schälen und ebenfalls in mundgerechte Stücke schneiden.
- Die Ananas- und Papayastücke abwechselnd auf die Holzspieße stecken.
- Den Ahornsirup mit dem Zimt verrühren.
- Die Früchte mit dem gewürzten Ahornsirup bestreichen.

☐ Tipp: Anstelle der Papaya können Sie auch reife Mango verwenden.

Kernige Rosinenriegel

für etwa 18 kleine Riegel

100 g zarte Haferflocken
60 g Rosinen
50 g Sonnenblumenkerne
50 g Weizenmehl (Type 1050)
40 g Kokosraspel
½ TL gemahlener Zimt
1 MSP Meersalz
60 ml Ahornsirup
3 EL Raps- oder Sonnenblumenöl

- ▪ Die trockenen Zutaten in einer Schüssel miteinander vermischen.
- ▪ Den Ahornsirup und das Rapsöl unterrühren, sodass ein klebrig-krümeliger Teig entsteht.
- ▪ Die Teigmasse auf ein mit Backpapier ausgelegtes Backblech etwa einen Zentimeter dick zu einem kleinen Rechteck ausstreichen und danach mit den Handflächen ein wenig andrücken.
- ▪ Die Teigmasse in den **nicht vorgeheizten** Backofen geben und bei 150 °C etwa 20 Minuten backen, bis die Oberfläche leicht gebräunt ist.
- ▪ Noch heiß in Riegel schneiden. Die Riegel werden durch das Abkühlen bissfest.

- ☐ Tipp: Die Teigmasse ergibt etwa 18 Riegel und reicht damit für jeweils zwei Portionen an drei Tagen. Die Rosinenriegel halten sich, in einem verschließbaren Behälter und an einem kühlen Ort gelagert, jedoch mindestens zwei Wochen, sodass es sich lohnt, auf Vorrat zu backen. Die Mengen für das Rezept lassen sich problemlos verdoppeln und sorgen damit für einen stetigen Vorrat des kernig knackigen Genusses.

Knäcke-Schoko-Krümel

2 Scheiben Roggenknäckebrot (etwa 20 g)
50 g Rosinen
3 EL gehackte Mandeln
80 g Zartbitterschokolade
1 EL schnittfeste Margarine oder ungehärtetes Kokosfett
1 EL gesiebter Puderzucker

- Das Roggenknäckebrot mit den Fingern fein zerkrümeln und mit den Rosinen und Mandeln vermischen.
- Die Zartbitterschokolade mit der Margarine im Wasserbad zum Schmelzen bringen.
- Den Puderzucker einrühren.
- Das Knäckebrot, die Rosinen und Mandeln zur Schokolade geben. Gut vermengen, sodass das Knäckebrot, die Rosinen und Mandeln mit der Schokolade überzogen sind.
- Die Schokomasse auf ein mit Frischhaltefolie ausgekleidetes kleines Tablett oder einen rechteckigen Teller geben. Mit einem Löffel etwa einen Zentimeter dick verstreichen und etwas andrücken.
- Mit einer zweiten Lage Frischhaltefolie abdecken und im Kühlschrank über Nacht abkühlen und erstarren lassen.
- Zum Mitnehmen die noch in Frischhaltefolie eingewickelte Schokomasse in Stückchen brechen und verpacken.

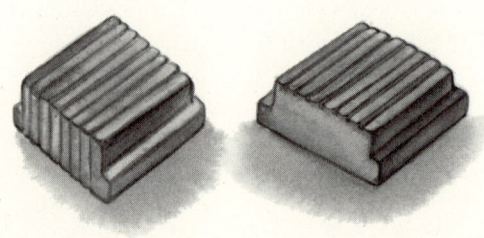

Marzipanröllchen

für 4 Marzipanröllchen

50 g Marzipanrohmasse
3 EL gesiebter Puderzucker
2 EL gehackte Mandeln
1 TL Orangenblütenwasser
130 g frischer Blätterteig
*   ersatzweise tiefgekühlt und aufgetaut*
1 EL Roh-Rohrzucker

- Die Marzipanrohmasse mit dem Puderzucker, den Mandeln und dem Orangenblütenwasser verrühren.
- Den Blätterteig zu einem Rechteck ausrollen, danach in vier gleich große Teile schneiden.
- Die Marzipanmasse auf die Blätterteigviertel streichen.
- Die Blätterteigviertel von der kurzen Seite her aufrollen und die Nahtstellen gut andrücken.
- Die Marzipanröllchen mit den Nahtstellen nach unten auf ein mit Backpapier ausgelegtes Backblech legen und mit dem Handballen etwas abflachen.
- Mit dem Roh-Rohrzucker überstreuen und im Backofen bei 200 °C etwa eine Viertelstunde backen.

☐ Tipp: Falls kein Orangenblütenwasser zur Hand sein sollte, können Sie stattdessen einen Teelöffel Orangensaft verwenden.

Schokoerdbeeren mit Kokos

250 g Erdbeeren
60 – 70 g Zartbitterschokolade
2 EL Kokosraspel

- Die Erdbeeren mit den Stängeln waschen.
- Danach mit Küchenkrepp sehr gründlich trockentupfen.
- Die Schokolade im Wasserbad zum Schmelzen bringen.
- Die Erdbeeren an den Stängeln fassen und vorsichtig in die geschmolzene Schokolade eintauchen.
- Die Erdbeeren nach dem Schokoladentauchbad rundherum mit ein paar Kokosraspeln bestreuen.
- Die Erdbeeren auf ein mit Backpapier ausgelegtes Tablett setzen und abkühlen lassen.

□ Tipp: Sie sollten darauf achten, nur unversehrte Erdbeeren zu verwenden. Falls Ihnen die Zartbitterschokolade in der Kombination mit den Erdbeeren nicht süß genug ist, können Sie in die geschmolzene Schokolade einen Esslöffel gesiebten Puderzucker einrühren.

Süße Karottensandwiches

1 Karotte
2 EL Rosinen
1 EL Ahornsirup
2 – 3 MSP gemahlener Zimt
4 Scheiben Vollkornsandwichbrot
4 TL Erdnusscreme

- Die Karotte raspeln und mit den Rosinen, dem Ahornsirup und Zimt vermischen.
- Die Sandwichscheiben (falls gewünscht) entrinden, dann jede Scheibe mit einem Teelöffel Erdnusscreme bestreichen.
- Die Karottenmischung auf zwei Sandwichscheiben verteilen.
- Die verbliebenen Sandwichscheiben auflegen und die Sandwiches diagonal teilen.

Süßer Bananen-Toast-Wrap

4 Scheiben Vollkorntoastbrot
4 TL Erdnusscreme
4 TL Johannisbeergelee
1 mittelgroße Banane
4 TL gehackte Mandeln
4 MSP gemahlener Zimt
4 Zahnstocher

- Die Toastscheiben auf der Arbeitsfläche mit einem Nudelholz kräftig bearbeiten, sodass sie flacher und größer werden.
- Die Toastscheiben zuerst mit der Erdnusscreme, dann mit dem Johannisbeergelee bestreichen.
- Die Banane in der Mitte durchschneiden, dann die beiden Hälften der Länge nach halbieren.
- Auf jede Toastscheibe ein Bananenviertel legen.
- Mit den Mandeln und dem Zimt überstreuen.
- Die Toastscheiben aufrollen und mit einem Zahnstocher fixieren.

Zitronen-Mohn-Muffins

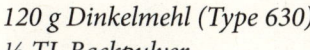

120 g Dinkelmehl (Type 630)
½ TL Backpulver
1 MSP Meersalz
1 Päckchen Vanillezucker
2 EL Roh-Rohrzucker
1 EL Mohnsamen
3 – 4 MSP abgeriebene Zitronenschale
Saft einer halben Zitrone
1 EL Raps- oder Sonnenblumenöl
90 ml Soja-, Reis- oder Haferdrink
Öl oder Margarine für die Form

- Die trockenen Zutaten in einer Schüssel miteinander vermischen.
- Die Zitronenschale, den Zitronensaft und das Öl hinzufügen.
- Unter Rühren den Sojadrink hinzufügen, sodass ein glatter Teig entsteht.
- Den Teig auf vier gut gefettete Muffinförmchen verteilen und im Backofen bei 180 °C etwa 20 Minuten backen.

☐ Tipp: Wenn Sie zur selben Zeit zum Beispiel die herzhaften Tomatenmuffins (siehe Seite 87) backen, verbrauchen Sie die einfache Menge an Energie für den doppelten Genuss.

Die Autorin

Heike Kügler-Anger wuchs am nördlichen Rand des Ruhrgebietes auf, lebte jeweils ein paar Jahre in Ostwestfalen, am Kaiserstuhl bei Freiburg sowie in Leipzig und ist nun seit gut zehn Jahren im Odenwald sesshaft geworden. In ihrer Küche mit Blick auf Felder, Wiesen und Nachbars Kühe probiert sie immer wieder neue Rezepte aus, die sie in ihren Kochbüchern und Kochkursen weitergibt. Obwohl sie als Kind Spinat und Tomaten hasste, gilt nun ihre ganze Leidenschaft der vegetarischen und veganen Gemüseküche.

Wenn Heike Kügler-Anger nicht in ihrer Küche kocht oder mit ihren Hunden durch den Odenwald wandert, reist sie mit ihrem treuesten Testesser (ihrem Ehemann) und dem Wohnwagen durch Europa, wo es an jedem Ort neue Rezepte zu entdecken gibt.

Im pala-verlag sind von ihr bereits erschienen:
- Vegetarisch kochen – französisch
- Milchfrei und schnell gekocht
- Käse veganese
- Cucina vegana
- Vegetarisches fürs Fest

Rezeptindex

Wir engagieren uns noch stärker für den Klimaschutz!

Seit mehr als 15 Jahren drucken wir unsere Bücher weitestgehend auf Recyclingpapier und versuchen damit, eine ressourcenschonende und umweltfreundliche Buchproduktion zu ermöglichen.

In den letzten Jahren ist der Klimawandel mit seinen weitreichenden Folgen für uns und vor allem unsere nachfolgenden Generationen immer mehr zum Thema geworden. Die Auswirkungen sind bereits jetzt spürbar – Wetterextreme, sich verschiebende Jahreszeiten, Erderwärmung. Auch wenn diese Entwicklungen nicht mehr völlig aufzuhalten sind, müssen wir – auch als Verlag – aktiv werden.

Die *freiburger graphische betriebe*, die Druckerei, in der unsere Bücher produziert werden, beteiligen sich an der Klimainitiative der Druck- und Medienverbände Deutschland und bieten die Möglichkeit, Buchproduktionen klimaneutral herstellen zu lassen. »Klimaneutral« bedeutet den Ausgleich von Treibhausgasen bzw. die Neutralisation durch die Einsparung einer bestimmten CO_2-Menge an anderer Stelle. Da die Wirkungen des Treibhauseffektes global schädigen, ist es irrelevant, an welchem Ort der Welt Emissionen entstehen und wo sie dann letztendlich eingespart werden. Der gesamte Prozess des Ausgleiches von Treibhausgasen basiert auf dem Kyoto-Protokoll von 1997.

Wir haben nun die Möglichkeit, für jedes Druckprodukt den genauen Wert des CO_2-Ausstoßes, der auf den Produktionsprozess in der Druckerei und deren Materialeinsatz zurückzuführen ist, zu ermitteln. Mit Hilfe eines vom Bundesverband der deutschen Druckindustrie entwickelten Rechners, mit dem viele Faktoren erfasst werden – Energieverbrauch, Farbe, Papier, Transportwege oder Einsatz von Personal – wird am Ende der Buchproduktion ein Wert ermittelt, der die relevante Wertschöpfungskette für die technische Herstellung des Buchs umfasst und den durch die Produktion verursachten CO_2-Ausstoß nachweist.

Für diesen Wert bezahlen wir als Verlag einen Ausgleich, der dann in anerkannte und zertifizierte Klimaschutzprojekte fließt. Die Zertifizierung erfolgt durch die Organisation *firstclimate* (www.firstclimate.com) und wird durch das Logo »Print CO_2« angezeigt.

Die aus dem Druck dieses Buchs resultierende Klimaabgabe fließt in ein Windparkprojekt in der Marmara-Region in der Türkei.
Das Projektgebiet liegt in der Marmara-Region an einem Höhenrücken etwa 350 m über Meereshöhe, nahe der Dörfer Elbasan und Catalca unweit Instanbuls. Im Rahmen des Projekts werden 20 Windenergieanlagen mit einer Nennleistung von je 3 MW errichtet.

Vegane Köstlichkeiten

Suzanne Barkawitz:
Vegan genießen
ISBN: 978-3-89566-266-9

Heike Kügler-Anger:
Cucina vegana
ISBN: 978-3-89566-247-8

Angelika Eckstein:
Vegan backen
ISBN: 978-3-89566-239-3

Heike Kügler-Anger:
Käse veganese
ISBN: 978-3-89566-237-9

Unbeschwert genießen

Nadja Schäfers:
Histaminarm kochen – vegetarisch
ISBN: 978-3-89566-263-8

Heike Kügler-Anger:
Milchfrei und schnell gekocht
ISBN: 978-3-89566-232-4

Simone Stefka:
Glutenfrei backen
ISBN: 978-3-89566-226-3

Beate Schmitt:
Ohne Milch und ohne Ei
ISBN: 978-3-89566-179-2

Gesamtverzeichnis bei:
pala-verlag, Rheinstraße 35, 64283 Darmstadt, www.pala-verlag.de

ISBN: 978-3-89566-264-5
© 2009: pala-verlag,
Rheinstraße 35, 64283 Darmstadt
www.pala-verlag.de

Umschlag- und Innenillustrationen: Tatiana Mints

Lektorat: Barbara Reis

Satz und Gestaltung: Verlag Die Werkstatt, Göttingen
www.werkstatt-verlag.de

Druck: fgb • freiburger graphische betriebe
www.fgb.de
Printed in Germany

Dieses Buch ist auf Papier aus 100 % Recyclingmaterial
gedruckt und klimaneutral produziert.